Machiavelli zur Einführung

Quentin Skinner
Machiavelli zur Einführung

Aus dem Englischen
von Martin Suhr

JUNIUS

Junius Verlag GmbH
Stresemannstraße 375
2000 Hamburg 50

Copyright für die deutsche Übersetzung 1990
by Junius Verlag GmbH
Alle Rechte vorbehalten
Einbandgestaltung: Johannes Hartmann, Hamburg
Titelphoto: Historia-Photo, Hamburg
Satz: Junius Verlag GmbH, Hamburg
Druck: SOAK GmbH, Hannover
Printed in Germany
ISBN 3-88506-840-4
2. Auflage Juni 1990

Englische Originalausgabe bei Oxford University Press
unter dem Titel *Machiavelli*, Copyright 1981 by Quentin Skinner

CIP-Titelaufnahme der Deutschen Bibliothek
Skinner, Quentin:
Machiavelli zur Einführung/Quentin Skinner.
Aus d. Engl. von Martin Suhr. —
2. Aufl. — Hamburg: Junius Verlag, 1990
(Zur Einführung; 40)
Einheitssacht.: Machiavelli ‹dt.›
ISBN 3-88506-840-0

NE: GT

Inhalt

Vorwort 7

Editorische Notiz 8

Einleitung 11

I. Der Diplomat 15
    Der humanistische Hintergrund 15
    Die diplomatischen Gesandschaften 20
    Die Lehren der Diplomatie 34

II. Der Fürstenberater 41
    Der florentinische Kontext 41
    Das klassische Erbe 46
    Die Machiavellische Revolution 56
    Die neue Moralität 72

III. Der Philosoph der Freiheit 83
    Die Mittel zur Größe 87
    Die Gesetze und die Herrschaft 98
    Die Verhinderung der Sittenverderbnis 112
    Die Ausdehnung der Macht 120

IV. Der Historiker der Stadt Florenz 129
    Der Zweck der Geschichtsschreibung 129
    Niedergang und Zusammenbruch von Florenz ... 136
    Das endgültige Scheitern 142

Anhang
Quellennachweise 147
Literaturhinweise 149
Danksagung 153
Über den Autor 154

Vorwort zur deutschen Ausgabe

Die vorliegende Studie verfolgt in der Hauptsache das Ziel, eine knappe Einführung in die wichtigsten politischen Schriften Machiavellis zu geben und sie zu den politischen Umständen und den intellektuellen Traditionen seiner Zeit in Beziehung zu setzen. Gleichzeitig habe ich freilich versucht, eine Ansicht von Machiavellis politischer Theorie zu geben, die wenigstens bis zu einem gewissen Ausmaß auf den Ergebnissen meiner eigenen Forschungen beruht. Ich habe mich bemüht, Machiavelli im wesentlichen als Exponenten einer ausgeprägten humanistischen Tradition des klassischen Republikanismus darzustellen. Ich habe obendrein Gründe dafür angeführt, daß man die originellsten und schöpferischsten Aspekte seiner politischen Anschauungen am besten als eine Reihe polemischer – und manchmal satirischer – Reaktionen auf das System der humanistischen Glaubenssätze versteht, das er übernommen hatte und dem er im Grunde weiter anhing. Obwohl ich mich in der Hauptsache darum bemüht habe, einfach einen Überblick über Machiavellis Denken für ein allgemeines Leserpublikum zu geben, hoffe ich doch, daß diese Schlußfolgerungen auch für Kenner dieses Gebietes von einigem Interesse sind.

Quentin Skinner   Cambridge, 22. Januar 1988

Editorische Notiz

Für die deutschen Übersetzungen wurden die jeweils am leichtesten zugänglichen Ausgaben gewählt. *Der Fürst* wird zitiert nach der Reclam-Ausgabe (Stuttgart 1961), die *Discorsi* nach der Ausgabe bei Kröner (Stuttgart 1977²), alle übrigen Schriften nach den fünf Bänden der *Gesammelten Schriften*, herausgegeben von Hanns Floerke (Stuttgart 1925). Letztere sind nur in Bibliotheken zugänglich, die Editionslage ist im Falle Machiavellis gegenwärtig relativ schlecht.

Lediglich zur Überprüfung, nicht jedoch für die Zitatangaben wurde die alte achtbändige Ausgabe der *Sämmtlichen Werke* von Johannes Ziegler (Karlsruhe 1833) benutzt. Von dieser Ausgabe existieren nur noch wenige Bibliotheksexemplare, die nur selten zur Lektüre herangezogen werden dürften.

Die Zitate, die Quentin Skinner aus den *Lettere* (Korrespondenz), den *Legazioni* (Gesandschaftsberichten) und den *Ghiribizzi* (Kaprizen) anführt, wurden, soweit sie nicht in deutscher Übersetzung vorliegen, nach Überprüfung des Originals aus dem Englischen ins Deutsche übersetzt. So erklärt sich, daß einige Briefe Machiavellis, die in die *Gesammelten Schriften* aufgenommen wurden, daraus zitiert werden, während zu (wenigen) anderen die Belegstellen aus der italienischen Ausgabe der *Lettere* gegeben werden mußten.

An den Stellen, wo Skinners Übertragungen aus dem italienischen Original von den vorliegenden deutschen Übersetzungen abweichen, wurde der Skinnerschen Übertragung gefolgt. Schließlich wurde in Übereinstimmung mit Skinner auf eine Übersetzung der Ausdrücke *virtù* und *Fortuna* verzichtet. Das bedeutet nicht, daß deren Sinn nicht diskutiert wird — im Gegenteil; es heißt lediglich, daß sie sich nicht umstandslos in eine moderne europäische Sprache übersetzen lassen.

Die Zitatangaben aus *Der Fürst* und den *Discorsi* werden im Text mit den Siglen **F** bzw. **D** und Seitenzahlen nach den o. a. Ausgaben belegt. Textstellen aus den *Gesammelten Schriften* werden mit Bandangabe in römischen Ziffern (**I-V**) belegt.

Einleitung

Machiavelli starb vor über vierhundertfünfzig Jahren, aber sein Name lebt weiter als Inbegriff von List, Heuchelei und Unwahrhaftigkeit in politischen Angelegenheiten. »Der mörderische Machiavell«, wie Shakespeare ihn nannte, hat niemals aufgehört, Gegenstand des Abscheus für Moralisten aller Schattierungen zu sein, konservative und revolutionäre gleichermaßen. Edmund Burke sah »der demokratischen Tyrannei« der Französischen Revolution »die hassenswerten Maximen einer machiavellistischen Politik« zugrundeliegen. Marx und Engels attackierten die Prinzipien des Machiavellismus mit nicht geringerer Heftigkeit, wobei sie freilich darauf insistierten, daß die wahren Exponenten einer »machiavellistischen Politik« diejenigen seien, die versuchten, »demokratische Kräfte« zu Zeiten revolutionären Wandels »zu lähmen«. Beide Seiten sind sich darin einig, daß die Übel des Machiavellismus zu den gefährlichsten Bedrohungen der moralischen Grundlage des politischen Lebens gehören.

Machiavellis Name steht in einem derartig schlechten Ruf, daß der Vorwurf, ein Machiavellist zu sein, immer noch eine ernstzunehmende Anschuldigung in gegenwärtigen politischen Auseinandersetzungen darstellt. Als z.B. Henry Kissinger seine Philosophie in einem berühmten Interview in *The New Republic* im Jahre 1972 darlegte, bemerkte sein Gesprächspartner im Anschluß an die Diskussion seiner Rolle als Ratgeber des Präsidenten: »Wenn man Ihnen zuhört, fragt man sich manchmal nicht so sehr: ›Wie weit haben Sie den Präsidenten der Vereinigten Staaten beeinflußt?‹, sondern vielmehr: ›Wieweit sind Sie von Machiavelli beeinflußt worden?‹« Kissinger selbst zeigte sich äußerst bemüht, diese Unterstellung zurückzuweisen. Er und ein Machiavellist? »Nein, ganz und gar nicht.« Ob er nicht bis zu einem gewissen Grade von Machiavelli beeinflußt sei? »Nicht im geringsten.«

Was steckt hinter diesem schlechten Ruf, den Machiavelli erworben hat? Hat er ihn wirklich verdient? Welche Ansichten über Politik und politische Moral hat er in seinen Hauptwerken wirklich vertreten? Das sind die Fragen, die ich im Verlaufe des Buches zu beantworten hoffe. Ich werde Gründe dafür anführen, daß wir, um Machiavellis Lehren zu verstehen, erst einmal die Probleme entdecken müssen, denen er sich selbst in *Der Fürst*, den *Discorsi* und seinen anderen Schriften über politische Philosophie gegenübersah. Um seine Perspektive einnehmen zu können, müssen wir der Reihe nach den Kontext rekonstruieren, in dem diese Werke ursprünglich verfaßt worden sind — den intellektuellen Kontext der klassischen und der Renaissancephilosophie wie den politischen Kontext des Lebens der italienischen Stadtstaaten zu Beginn des 16. Jahrhunderts. Erst wenn wir Machiavelli in die Welt zurückversetzen, in der sich seine Vorstellungen ursprünglich gebildet haben, können wir damit beginnen, die außergewöhnliche Originalität seines Angriffs auf die herrschenden moralischen Ansichten seiner Zeit zu würdigen. Und sobald wir die Implikationen seiner eigenen moralischen Anschauungen begriffen haben, können wir unmittelbar sehen, weshalb sein Name immer noch so oft fällt, sobald

Fragen der politischen Macht und Herrschaft diskutiert werden.

I. Der Diplomat

Der humanistische Hintergrund

Niccolò Machiavelli wurde am 3. Mai 1469 in Florenz geboren. Im Jahre 1498, jenem Jahr, in dem das von Savonarola beherrschte Regime seine Macht verlor, spielte er, soweit wir wissen, zum ersten Mal eine öffentliche Rolle in den Angelegenheiten seiner Heimatstadt. Savonarola, der Dominikanerprior von San Marco, dessen prophetische Predigten die florentinische Politik die vier vorangegangenen Jahre über beherrscht hatten, wurde Anfang April wegen Häresie festgenommen; bald darauf begann der herrschende Rat der Stadt, seine verbliebenen Anhänger aus ihren Stellungen in der Regierung zu entlassen. Einer von denen, die infolgedessen ihren Posten verloren, war Alessandro Braccesi, der Chef der zweiten Staatskanzlei. Zunächst blieb der Posten unbesetzt, aber nach Ablauf einiger Wochen wurde der fast unbekannte Machiavelli als möglicher Ersatz genannt. Er war knapp neunundzwanzig Jahre alt und scheint keinerlei vorhergehende Verwaltungspraxis gehabt zu haben. Trotzdem kam seine Ernennung offenbar ohne jede Schwierigkeit durch, und am 19. Juni wurde er ordnungsgemäß vom Großen Rat als Vorsteher der zweiten Staatskanzlei der Republik Florenz bestätigt.

Zu der Zeit, als Machiavelli in die Staatskanzlei eintrat,

gab es für die wichtigsten Stellen eine bewährte Methode der Rekrutierung. Von den Amtsanwärtern erwartete man außer Beweisen ihrer diplomatischen Fähigkeiten, daß sie einen hohen Grad an Kompetenz in den sogenannten »menschlichen Wissenschaften« aufwiesen. Dieser Begriff der *studia humanitatis* leitete sich aus römischen Quellen her, und zwar insbesondere von Cicero, dessen pädagogische Ideale von den italienischen Humanisten des 14. Jahrhunderts wiederbelebt worden waren und einen starken Einfluß auf die Universität und das öffentliche Leben in Italien auszuüben begonnen hatten. Die Humanisten zeichneten sich vor allem durch ganz bestimmte Vorstellungen darüber aus, was »wahrhaft menschliche« Erziehung sei. Sie erwarteten von ihren Schülern, daß sie zunächst das Lateinische zu beherrschen lernten, dann zur Praxis der Rhetorik und der Nachahmung der elegantesten klassischen Stilisten fortschritten und ihre Studien mit einer gründlichen Lektüre der Alten Geschichte und der Moralphilosophie abschlossen. Auch popularisierten sie die althergebrachte Vorstellung, daß diese Art Ausbildung die beste Vorbereitung auf das politische Leben darstelle. Wie Cicero wiederholt erklärt hatte, werden durch diese Disziplinen die Werte kultiviert, die wir prinzipiell erwerben müssen, um unserem Vaterland von Nutzen zu sein: die Bereitschaft, unsere Privatinteressen dem öffentlichen Wohl unterzuordnen; der Wunsch, gegen Korruption und Tyrannei zu kämpfen; und der Ehrgeiz, nach dem edelsten Ziel überhaupt zu streben, dem der Ehre und des Ruhmes für unser Land und für uns.

Als die Florentiner in zunehmenden Maße von diesen Überzeugungen durchdrungen wurden, fingen sie an, ihre führenden Humanisten aufzufordern, die renommiertesten

Stellen in ihrer Stadtregierung zu übernehmen. Diese Praxis kann man bis auf die Ernennung von Coluccio Salutati zum Kanzler im Jahre 1375 zurückverfolgen, und sie begann sich schnell durchzusetzen. Zu der Zeit, als Machiavelli heranwuchs, hatte Bartolomeo Scala das Kanzleramt inne. Er behielt während der ganzen Zeit seiner öffentlichen Laufbahn seine Professur an der Universität bei und schrieb weiterhin über die typisch humanistischen Themen. Sein Hauptwerk bestand aus einer Abhandlung über die Moral und einer *Geschichte der Florentiner*. Während Machiavellis eigener Zeit in der Staatskanzlei wurde diese Tradition eindrucksvoll weiter aufrechterhalten durch Scalas Nachfolger, Marcello Adriani. Auch er wechselte von einem Lehrstuhl an der Universität über in das Kanzleramt, und auch er veröffentlichte weiterhin gelehrte humanistische Abhandlungen, unter anderem einen Text über das Lehren des Lateinischen und eine italienisch geschriebene Abhandlung *Über die Erziehung des florentinischen Adels*.

Das Vorherrschen dieser Ideale hilft zu erklären, wie es dazu kam, daß Machiavelli in verhältnismäßig jungem Alter zu einer Position von beträchtlicher Verantwortlichkeit in der Verwaltung der Republik gelangte. Denn obgleich seine Familie weder reich war noch zum hohen Adel gehörte, war sie eng mit einigen der bedeutendsten humanistischen Kreise in der Stadt verbunden. Machiavellis Vater, Bernardo, der als Rechtsanwalt tätig war, war begeistert von den humanistischen Wissenschaften. Er hatte enge Beziehungen zu einigen ausgezeichneten Gelehrten, einschließlich Bartolomeo Scala, dessen Traktat *Über Gesetze und Rechtsprechung* aus dem Jahre 1483 die Form eines Dialogs zwischen ihm und »meinem Freund und Vertrauten« Bernardo Machiavelli annahm. Obendrein geht aus dem *Tagebuch*, das Bernardo zwischen 1474 und 1487 führte, deutlich hervor, daß Bernardo während der ganzen Zeit, in der sein Sohn Niccolò heranwuchs, damit beschäftigt war, einige der bedeutendsten klassischen Texte zu studieren, auf die sich der Renaissance-Begriff der »menschlichen Wissenschaften« gründete. Er berichtet, daß er im Jahre 1477 Ciceros *Philippica* und sein größtes rhetorisches Werk *De oratore* im Jahre 1480 ausgeliehen habe. Auch entlieh er sich Ciceros Abhandlung *De officiis* mehrere Male in den siebziger Jahren. Im Jahre 1476 gelang es ihm sogar, eine eigene Abschrift von Livius' *Römischer Geschichte* zu erwerben — von dem Text also, der etwa vierzig Jahre später als der Rahmen für die *Discorsi* seines Sohnes dienen sollte, dessen längstes und ehrgeizigstes Werk über politische Philosophie.

Aus Bernardos *Tagebuch* wird gleichfalls deutlich, daß er trotz der damit verbundenen hohen Kosten — über die er sorgfältig Buch führte — eifrig darauf bedacht war, seinem Sohn eine ausgezeichnete Einführung in die *studia humanitatis* zu verschaffen. Wir hören von Niccolòs Erziehung das erste Mal unmittelbar nach seinem siebten Geburtstag, als sein Vater notiert, daß »mein kleiner Sohn Niccolò angefangen hat, zu Messer Matteo zu gehen«, um mit der ersten Stufe seiner formalen Ausbildung, dem Studium des Lateinischen, zu beginnen. Im Alter von zwölf Jahren war Machiavelli zur zweiten Stufe fortgeschritten und hatte sich in die Obhut eines berühmten Lehrers begeben, Paolo da Ronciglione, der mehrere der berühmtesten Humanisten der Generation Machiavellis unterrichtete. Dieser weitere Schritt wird von Bernardo in seinem *Tagebuch* vom 5. November 1481 notiert, als er stolz verkündet, daß »Niccolò jetzt eigene lateinische Aufsätze schreibt« — wobei er der üblichen humanistischen Methode folgt, die besten Vorbilder des klassischen Stils nachzuahmen. Schließlich scheint es — wenn wir den Worten Paolo Giovios trauen können —, daß Machiavelli zur Universität von Florenz geschickt worden ist, um dort seine Ausbildung zu vollenden. Giovio hält in seinen *Maximen* fest, daß Machiavelli »den besten Teil« seiner klassischen Ausbildung von Marcello Adriani erhielt, und Adriani hatte, wie wir gesehen haben, vor seiner Ernennung zum ersten Kanzler mehrere Jahre lang einen Lehrstuhl an der Universität inne.

Dieser humanistische Hintergrund scheint den Schlüssel zu der Erklärung zu enthalten, weshalb Machiavelli im Sommer 1498 plötzlich sein Regierungsamt erhielt. Adriani hatte etwas früher in demselben Jahr sein Amt als erster Kanzler angetreten; man darf wohl vermuten, daß er sich Machiavellis Talent in den »menschlichen Wissenschaften« entsann und sich dafür entschied, es zu honorieren, als er die Stelle in der Staatskanzlei besetzen wollte, die durch den Regierungswechsel frei geworden war. Es ist deshalb wahrscheinlich, daß Machiavelli seine öffentliche Laufbahn in der neuen antisavonarolanischen Regierung dank der Protektion Adrianis — vielleicht zusammen mit dem Einfluß von Bernardos humanistischen Freunden — antrat.

Die diplomatischen Gesandtschaften

Machiavellis Amtsstellung brachte zweierlei Arten von Pflichten mit sich: Die zweite Staatskanzlei, die im Jahre 1437 eingerichtet worden war, befaßte sich hauptsächlich mit der Korrespondenz, die sich auf die Verwaltung der zu Florenz gehörenden Gebiete bezog. Aber als Chef dieser Abteilung war Machiavelli außerdem einer der sechs Sekretäre des ersten Kanzlers. Und in dieser Eigenschaft wurde ihm nach kurzer Zeit die weitere Aufgabe zugeteilt, den »Zehn des Krieges« zur Verfügung zu stehen, dem Komitee, das für die auswärtigen und diplomatischen Beziehungen der Republik zuständig war. Dies bedeutete, daß er zusätzlich zu seiner gewöhnlichen Amtstätigkeit die Aufforderung erhalten konnte, im Auftrag der »Zehn« ins Ausland zu reisen, sowohl als Sekretär ihrer Gesandten wie als Berichterstatter über auswärtige Angelegenheiten.

Die erste Gelegenheit, bei einer Gesandtschaft dieser Art eine Rolle zu spielen, ergab sich im Juli 1500, als er und Francesco della Casa beauftragt wurden, »in aller Euch möglichen Schnelligkeit« zum Hofe Ludwigs XII. von Frankreich zu reisen (III 31). Die Entscheidung, diese Gesandtschaft zu schicken, ergab sich aus den Schwierigkeiten, die Florenz im Krieg gegen Pisa erwachsen waren. Die Pisaner hatten im Jahre 1496 rebelliert und die nächsten vier Jahre über erfolgreich alle Versuche abgewehrt, ihr Streben nach Unabhängigkeit zu unterdrücken. Früh im Jahre 1500 jedoch stimmten die Franzosen zu, den Florentinern dabei zu helfen, die Stadt wiederzugewinnen, und schickten eine Streitmacht zur Belagerung. Aber auch diese endete katastrophal: die Söldner aus der Gascogne, die von Florenz angeworben worden waren, desertierten, die schweizerischen Hilfstruppen meuterten wegen Ausbleiben des Soldes, und der Angriff mußte schimpflich abgeblasen werden.

Machiavellis Anweisungen lauteten, »zu beweisen, daß es nicht an uns gefehlt hat, wenn die Eroberung nicht gelang« (III 33), und gleichzeitig, wenn möglich, den französischen Kommandanten »der Feigheit und der Bestechlichkeit« zu beschuldigen (III 35). Wie er und della Casa freilich bei ihrer ersten Audienz bei Ludwig XII. entdeckten, war der König nicht übermäßig an Florenz' Entschuldigungen für die vergangenen Fehlschläge interessiert. Stattdessen wollte er wissen, welche Hilfe er realistischerweise in Zukunft von einer derartigen, offensichtlich schlecht geführten Regierung erwarten könne. Diese Begegnung bestimmte den Ton aller folgenden Diskussionen mit Ludwig und seinen höchsten Ratgebern, Robertet und dem Erzbischof von Rouen. Das Ergebnis war, daß Machiavellis Besuch am französischen Hof, obgleich sein Aufenthalt dort beinahe sechs Monate dauerte, ihn weniger über die Strategien der Franzosen lehrte als über die zunehmend unsichere Lage der italienischen Stadtstaaten.

Die erste Lehre, die er daraus zog, war die, daß jedem, der in der Praxis einer modernen königlichen Regierung geschult war, die florentinische Regierungsmaschinerie absurd schwankend und schwächlich erschien. Ende Juli wurde es offensichtlich, daß die *signoria*, der herrschende Rat der Stadt, eine weitere Gesandtschaft würde schicken müssen, um die Bedingungen des Bündnisses mit Frankreich erneut auszuhandeln. Während der Monate August und September harrte Machiavelli weiter aus, um in Erfahrung zu bringen, ob die neue Gesandtschaft Florenz verlassen hatte, und versicherte dem Erzbischof von Rouen ununterbrochen, daß er sie jede Minute erwarte. Mitte Oktober, als es immer noch kein Zeichen ihrer Ankunft gab, begann der Erzbischof diese fortgesetzten Ausflüchte mit offener Verachtung zu behandeln. Wie Machiavelli mit offensichtlichem Kummer berichtete, antwortete er »wörtlich«, als ihm versichert wurde, daß die versprochene Gesandtschaft endlich unterwegs sei: »Dixisti, verum est; sed erimus mortui antequam Oratores veniant; sed conabimur ut alii prius moriantur« (Du hast's gesagt, es ist wahr; aber wir werden gestorben sein, ehe die Botschafter kommen; doch werden wir trachten, daß andere vorher sterben. – III 118). Und was noch demütigender war: Machiavelli entdeckte, daß die Überzeugung seiner Geburtsstadt von ihrer eigenen Bedeutung den Franzosen in einem geradezu lächerlichen Mißverhältnis zu den Realitäten ihrer militärischen Lage und ihrem Reichtum zu stehen schien. Die Franzosen, so mußte er der *signoria* mitteilen, »achten nur den, der entweder bewaffnet oder zum Geben bereit ist«, und seien jetzt zu der Überzeugung gelangt, »mit beiden Eigenschaften sei es bei Euch vorbei«. Obgleich er versuchte, eine Rede darüber zu halten, »welche Sicherheit Eure Größe den Staaten seiner Majestät in Italien brächte«, fand er: »alles dies ist überflüssig«, denn die Franzosen lachten ihn nur aus. Die schmerzliche Wahrheit, gesteht er, ist: »Sie halten Euch für eine Null« (III 82f).

Machiavelli nahm sich die erste dieser Lehren gründlich zu Herzen. Seine reifen politischen Schriften sind voll von Warnungen vor der Dummheit, Entscheidungen hinauszuzögern, von der Gefahr, unentschlossen zu erscheinen, und von der Notwendigkeit, im Krieg und der Politik gleichermaßen kühn und schnell zu handeln. Aber offensichtlich fand er es unmöglich, die weiteren Implikationen zu akzeptieren, daß es möglicherweise für die italienischen Stadtstaaten keine Zukunft geben könne. Er fuhr fort, über ihre militärischen und politischen Einrichtungen unter der Annahme zu theoretisieren, daß sie noch immer wirklich fähig seien, ihre Unabhängigkeit wiederzugewinnen und zu bewahren, obwohl er im Verlaufe seines eigenen Lebens Zeuge ihrer endgültigen und unerbittlichen Unterwerfung unter die gewaltig überlegenen Truppen Frankreichs, Deutschlands und Spaniens wurde.

Die Mission nach Frankreich endete im Dezember 1500, und Machiavelli eilte so schnell wie möglich nach Hause. Seine Schwester war während seiner Abwesenheit, sein Vater kurz vor seiner Abreise gestorben, und infolgedessen blieben seine Familienangelegenheiten, wie er sich der *signoria* gegenüber beklagte, »in der Luft, ohne geordnet zu werden« (III 131). Auch gab es Befürchtungen hinsichtlich seiner Stellung, denn sein Assistent Agostino Vespucci hatte Ende Oktober mit ihm Kontakt aufgenommen, um ihm ein Gerücht zu übermitteln, »daß Ihr Eure Stellung in der Kanzlei gänzlich verlieren werdet, wenn Ihr nicht zurückkehrt« (*Lettere* 60). Kurz danach hatte Machiavelli obendrein einen weiteren Grund für den Wunsch, in der Nähe Florenz' zu bleiben: er machte Marietta Corsini den Hof und heiratete sie im Herbst 1501. Marietta bleibt in Machiavellis Geschichte eine schattenhafte Figur, aber seine Briefe zeigen, daß er ihr immer zugetan blieb, während sie ihrerseits ihm sechs Kinder gebar, seine Seitensprünge mit Geduld ertragen zu haben scheint und ihn schließlich um ein Vierteljahrhundert überlebte.

Während der nächsten beiden Jahre, die Machiavelli in der Hauptsache in und um Florenz verbrachte, geriet die *signoria* über das Entstehen einer neuen und bedrohlichen militärischen Macht an ihren Grenzen in zunehmende Unruhe — derjenigen von Cesare Borgia. Im April 1501 wurde Borgia von seinem Vater, Papst Alexander VI., zum Herzog der Romagna ernannt. Er stürzte sich daraufhin in eine Reihe von kühnen Feldzügen, die dazu dienen sollten, ihm ein Territorium zu verschaffen, das seinem neuen und wohlklingenden Titel angemessen war. Zunächst eroberte er Faenza und belagerte Piombino, das er im September 1501 einnahm. Danach veranlaßten seine Statthalter das Val de Chiana, im Frühjahr 1502 gegen Florenz zu rebellieren, während Borgia selbst nach Norden marschierte und in einem Gewaltstreich das Herzogtum Urbino eroberte. Durch diese Erfolge beflügelt, verlangte er dann ein formales Bündnis mit den Florentinern und forderte, daß ihm ein Gesandter geschickt werde, um seine Bedingungen zu hören. Der Mann, der für diese delikate Aufgabe ausgewählt wurde, war Machiavelli. Er erhielt seinen Auftrag am 5. Oktober 1502 und stellte sich zwei Tage später dem Herzog in Imola vor.

Diese Gesandtschaft bezeichnet den Beginn der für Machiavellis diplomatische Laufbahn wichtigsten Periode, der Periode, in der er die Rolle spielen konnte, die ihm am meisten lag: die eines direkten Beobachters und Ratgebers der zeitgenössischen Staatskunst. Ebenfalls zu dieser Zeit bildete er sich sein endgültiges Urteil über die meisten Herrscher, deren Politik er in ihrem Entstehungsstadium beobachten konnte. Es wird oft behauptet, daß Machiavellis *Gesandtschaftsberichte* nur das »Rohmaterial« oder den »Rohentwurf« seiner späteren politischen Anschauungen enthielten und daß er danach, in den Jahren seines erzwungenen Ruhestandes, seine Beobachtungen umarbeitete und sogar idealisierte. Wie wir jedoch sehen werden, zeigt eine Untersuchung der *Gesandtschaftsberichte* tatsächlich, daß Machiavellis Urteile, ja selbst seine Epigramme im allgemeinen ganz unmittelbar zustandekamen und später im wesentlichen ohne Änderung in die Seiten der *Discorsi* und insbesondere des *Fürsten* eingearbeitet worden sind.

Machiavellis Mission an Borgias Hof dauerte nahezu vier Monate, in deren Verlauf er viele persönliche Diskussionen mit dem Herzog führte, der sich viel Mühe gegeben zu haben scheint, seine Politik und die ehrgeizigen Ziele, die ihr zugrundelagen, darzustellen. Machiavelli war tief beeindruckt. »Bei diesem Herzog«, berichtete er, sieht man »ein unerhörtes Glück, einen Mut und eine übermenschliche Hoffnung, alle seine Wünsche durchzusetzen« (II 428). Dazu kommt, daß seine Taten nicht weniger eindrucksvoll als seine Worte sind, denn man hat es hier mit einem Fürsten zu tun, »der selbst regiert«, der »äußerst verschlossen« und infolgedessen imstande ist, seine Pläne mit verheerender Plötzlichkeit zu beschließen und auszuführen (II 343). Kurzum, Machiavelli erkannte an, daß Borgia nicht lediglich ein emporgekommener *condottiere* war, sondern man von ihm »als von einem neuen Potentaten in Italien« sprechen müsse (II 335).

Diese Beobachtungen, die ursprünglich den Zehn des Krieges insgeheim zugesandt worden waren, sind seitdem berühmt geworden, denn sie wiederholen sich beinahe wortwörtlich im Kapitel 7 des *Fürsten*. Bei der Darstellung der Laufbahn Borgias beginnt Machiavelli wiederum damit, die »Verwegenheit und Seelengröße« des Herzogs, seinen »hohen Sinn« und seine »großen Absichten« zu betonen (F 63f). Auch wiederholt er seine Meinung, daß Borgia nicht weniger eindrucksvoll in der Ausführung seiner

Pläne gewesen sei. Er versäumte nichts, »was man von einem klugen und energischen Mann erwarten konnte, um Wurzel zu schlagen«, und brachte es fertig, in so kurzer Zeit »ein sicheres Fundament für seine künftige Macht« zu errichten, »daß er allen Schwierigkeiten gewachsen gewesen wäre«, wenn ihn sein Glück nicht verlassen hätte (F 58, 64).

Während er Borgias Führungsqualitäten bewunderte, fühlte Machiavelli allerdings von Anfang an ein gewisses Unbehagen hinsichtlich des erstaunlichen Selbstvertrauens des Herzogs. Schon im Oktober 1502 schrieb er aus Imola: »Seitdem ich hier bin, ist die Lage des Herzogs auf nichts anderes gegründet als auf die *Fortuna*« (II 306). Zu Beginn des folgenden Jahres sprach er mit wachsender Mißbilligung über die Tatsache, daß der Herzog immer noch zufrieden damit sei, sich auf sein »unerhörtes Glück« (II 428) zu verlassen. Und im Oktober 1503, als Machiavelli auf eine Mission nach Rom geschickt worden war und wiederum Gelegenheit hatte, Borgia aus nächster Nähe zu beobachten, kristallisierten sich seine früheren Zweifel zu einem starken Gefühl von der Beschränktheit der Fähigkeiten des Herzogs.

Die Hauptabsicht von Machiavellis Reise nach Rom bestand darin, über eine ungewöhnliche Krise zu berichten, die sich am päpstlichen Hof entwickelt hatte. Der Papst, Alexander VI., war im August gestorben, und sein Nachfolger, Pius III., war seinerseits innerhalb eines Monats nach der Amtsübernahme gestorben. Die florentinische *signoria* war sehr daran interessiert, tägliche Bulletins über den zu erwartenden Fortgang der Ereignisse zu erhalten, besonders nachdem Borgia eingetroffen war, um die Kandidatur des Kardinals Giuliano della Rovere zu unterstützen. Diese Entwicklung sah für die Interessen Florenz' potentiell bedrohlich aus, denn die Unterstützung des Herzogs war mit dem Versprechen erkauft worden, daß er zum Feldherrn der päpstlichen Truppen ernannt werden würde, falls Rovere gewählt werden sollte. Und es schien sicher, daß Borgia, sollte er diese Stellung erhalten, eine neue Serie feindseliger Feldzüge an den Grenzen des florentinischen Territoriums beginnen würde.

Machiavellis früheste Nachrichten konzentrieren sich infolgedessen auf das Zusammentreten des Konklave, in dem Rovere »mit großer Stimmenmehrheit« gewählt wurde (III 172) und den Namen Julius II. annahm. Aber sobald diese Angelegenheit erledigt war, wandte sich jedermanns Aufmerksamkeit dem Kampf zu, der sich zwischen Borgia und dem Papst zu entwickeln begann. Als Machiavelli diese beiden Meister der Doppelzüngigkeit dabei beobachtete, wie sie einander zu umkreisen begannen, sah er, daß seine anfänglichen Zweifel an den Fähigkeiten des Herzogs voll gerechtfertigt gewesen waren.

Borgia hatte seiner Ansicht nach schon einen Mangel an Voraussicht darin bewiesen, daß er die Gefahr nicht bemerkt hatte, die in der Unterstützung Roveres lag. Wie er die Zehn des Krieges erinnerte, war der Kardinal gezwungen gewesen, »zehn Jahre lang« unter dem Pontifikat des Vaters des Herzogs, Alexander VI., im Exil zu leben (III 173). Gewiß, fügte er hinzu, kann Rovere dies »nicht so schnell vergessen haben«, daß er nun mit echtem Wohlwollen auf ein Bündnis mit dem Sohne seines Feindes blickt. Aber Machiavellis ernsteste Kritik richtete sich darauf, daß Borgia selbst in dieser zweideutigen und gefährlichen Situation fortfuhr, ein geradezu von Hybris zeugendes Vertrauen in seine ununterbrochene Glückssträhne an den Tag zu legen. Zunächst bemerkte Machiavelli einfach, in offensichtlicher Überraschung, daß der Herzog sich »von seinem kühnen Zutrauen verführen« lasse (III 173). Zwei Wochen später, als der päpstliche Auftrag an Borgia immer noch nicht erfolgt war und die Bewohner seiner Besitztümer in der Romagna begonnen hatten, sich in einer ausgedehnten Revolte zu erheben, berichtete er in schärferem Ton, daß »diese Schläge des Schicksals« den Herzog »betäubt haben und er sich, ungewohnt sie zu ertragen, unter ihnen windet« (III 199). Gegen Ende des Monats war Machiavelli zu dem Schluß gekommen, daß Borgias schlechte *Fortuna* ihn so vollkommen entmannt habe, daß er nun unfähig sei, überhaupt an irgendeinem Beschluß festzuhalten; und am 26. November fühlte er sich in der Lage, den Zehn des Krieges zu versichern, daß es von nun an »überflüssig« sei, »länger an ihn zu denken« (III 236). Eine Woche später erwähnte er Borgias Angelegenheiten zum letzten Mal. Er bemerkt lediglich: »So scheint es, daß dieser Herzog allmählich seinem Grabe zugleitet« (III 260).

Wie zuvor sind diese vertraulichen Urteile über Borgias Charakter seitdem durch ihre Einarbeitung in das 7. Kapitel des *Fürsten* berühmt geworden. Machiavelli wiederholt, daß der Herzog »bei der Wahl von Papst Julius ... einen verkehrten Weg einschlug«, weil er keinesfalls hätte zulassen dürfen, »daß ein Kardinal Papst wurde, den er gekränkt hatte« (F 65). Und er nimmt seinen zentralen Vorwurf wieder auf, daß der Herzog sich zu sehr auf sein Glück verlassen habe. Statt der offensichtlichen Möglichkeit ins Auge zu sehen, daß er an irgendeinem Punkt durch eine »außergewöhnliche Mißgunst *Fortunas*« (F 58) aufgehalten werden könnte, brach er sofort zusammen, sobald dieses geschah. Trotz seiner Bewunderung ist Machiavellis endgültiges Urteil über Borgia — im *Fürsten* nicht weniger als in den *Gesandtschaftsberichten* — vernichtend: Er »gelangte zur Macht durch die *Fortuna* seines Vaters« und verlor sie, sobald die *Fortuna* ihn verließ (F 58).

Der nächste einflußreiche Herrscher, über den sich Machiavelli aus nächster Nähe ein Urteil bilden konnte, war der neue Papst, Julius II. Machiavelli war bei verschiedenen Audienzen zu der Zeit von Julius' Wahl anwesend gewesen, aber erst im Verlaufe zweier späterer Gesandtschaften gewann er vollste Einsicht in den Charakter und die Führungsqualität des Papstes. Die erste war die von 1506, als Machiavelli zwischen August und Oktober an den päpstlichen Hof zurückkehrte. Seine Instruktionen zu jenem Zeitpunkt bestanden darin, die *signoria* informiert zu halten über die Fortschritte der bezeichnenderweise aggressiven Pläne Julius', Perugia, Bologna und die anderen Territorien wiederzuerobern, die vorher der Kirche gehört hatten. Die zweite Gelegenheit ergab sich im Jahre 1510, als Machiavelli auf eine neue Mission an den französischen Hof geschickt wurde. Zu dieser Zeit hatte Julius sich zu einem großen Kreuzzug entschlossen, um die »Barbaren« aus Italien zu vertreiben, ein Vorhaben, das die Florentiner in äußerste Verlegenheit brachte. Auf der einen Seite hatten sie nicht den Wunsch, den Papst in seiner zunehmend kriegerischen Stimmung zu kränken. Aber auf der anderen Seite waren sie traditionelle Verbündete der Franzosen, die unverzüglich anfragten, welche Hilfe sie erwarten könnten, falls der Papst in das Herzogtum Mailand einmarschieren sollte, das im vorangegangenen Jahr von Ludwig XII. wiedererobert worden war. Wie im Jahre 1506 fand sich Machiavelli wiederum in der Position, aufmerksam dem Fortschritt der Feldzüge Julius' II. zu folgen, während er gleichzeitig hoffte und plante, die Neutralität Florenz' zu bewahren.

Den kriegerischen Papst in Aktion zu beobachten, beeindruckte Machiavelli zunächst, erfüllte ihn sogar mit Bewunderung. Er war von der Annahme ausgegangen, daß Julius' Pläne, die ehemals päpstlichen Staaten zurückzuerobern, unglücklich enden mußten. Im September 1506 schrieb er: »Daß es ihm nach seinem ersten Wunsch in betreff der Franzosen gelingt, glaubt man nicht« (III 368). In allerkürzester Zeit freilich mußte er seine Worte zurücknehmen. Noch vor Ende des Monats hatte Julius Perugia wiedererobert und »die Angelegenheiten ... beigelegt« (III 367). Und noch vor Ende Oktober beendete Machiavelli seine Mission mit der Meldung, daß sich Bologna nach einer kopflosen Schlacht bedingungslos übergeben habe und seine Botschafter beauftragt seien, »sich zu den Füßen des Papstes zu begeben« und »ihm die Stadt zu empfehlen« (III 400).

Es dauerte jedoch nicht lange, bis Machiavelli kritischer zu werden begann, besonders nachdem Julius 1510 die besorgniserregende Entscheidung getroffen hatte, seine schwachen Truppen gegen die Macht Frankreichs ins Feld zu schicken. Zunächst drückte er lediglich die bittere Hoffnung aus, daß Julius' Kühnheit »andere Grundlagen« habe »als seine Heiligkeit selbst« (III 411), aber bald schrieb er in sehr viel ernsteren Tönen: »In der Tat weiß man hier bei Hofe nichts Gewisses über die Stützen des Papstes« (III 421), und daß Julius' eigener Botschafter »ganz erstaunt« über dieses Abenteuer sei, da er »viel ungewisser über die Stützen und Rüstungen des Papstes als irgend jemand sei«

(III 420). Noch war Machiavelli nicht bereit, Julius geradezu zu verurteilen, denn er hielt es immer noch für denkbar, daß, wie im Feldzug gegen Bologna, »seine Kühnheit und sein Ansehen« ausreichen könnten, seinen verrückten Angriff in einen Sieg zu verwandeln (III 416f). Im Grunde freilich begann er sich vollkommen zermürbt zu fühlen. Er wiederholte mit offensichtlicher Sympathie eine Bemerkung von Robertet, die darauf hinauslief, daß Julius »von Gott zum Verderben der Welt« bestimmt zu sein scheine (III 433). Und er fügte mit ungewöhnlicher Feierlichkeit hinzu: »Jedermann glaubt, er werde die Christenheit zerstören und den gänzlichen Ruin Italiens herbeiführen« (III 427).

Dieser Bericht über die Entwicklung des Papstes erscheint im wesentlichen unverändert auf den Seiten des *Fürsten* wieder. Machiavelli räumt zunächst ein, daß Julius, obwohl er »in all seinen Unternehmungen mit Ungestüm« verfuhr (F 136), immer erfolgreich gewesen sei, selbst in seinen unrealistischsten Unternehmungen. Aber er legt im Folgenden dar, daß dies nur deshalb der Fall war, weil »Zeit und Umstände stets so geeignet für diese seine Handlungsweise« gewesen seien, daß er niemals für sein Ungestüm habe büßen müssen (F 136). Dementsprechend glaubt sich Machiavelli trotz der erstaunlichen Erfolge des Papstes gerechtfertigt, eine äußerst ungünstige Meinung von seiner Staatskunst zu haben. Zugegebenermaßen erreichte Julius »durch sein ungestümes Losschlagen, was kein Papst mit aller menschlichen Klugheit zustande gebracht hätte« (F 137). Aber es war nur »der Kürze seines Lebens« zu verdanken, daß wir den Eindruck haben, er müsse ein großer Menschenführer gewesen sein: »Denn hätte er Zeiten erlebt, die ein bedächtiges Vorgehen erforderten, so wäre das sein Verderben gewesen; nie wäre er von der Handlungsweise, zu der seine Natur ihn trieb, abgewichen« (F 137).

Zwischen seiner Gesandtschaft an den päpstlichen Hof vom Jahre 1506 und seiner Rückkehr nach Frankreich im Jahre 1510 ging Machiavelli auf eine weitere Mission außerhalb Italiens, in deren Verlauf es ihm möglich war, einen weiteren prominenten Herrscher aus erster Hand beurteilen zu lernen: Maximilian, den Kaiser des Heiligen Römischen Reiches. Die Entscheidung der *signoria*, ihn als Gesandten zu schicken, ergab sich aus ihrer Besorgnis über den Plan des Kaisers, in Italien einzumarschieren und sich in Rom krönen zu lassen. Zugleich mit der Ankündigung dieser Absicht verlangte er von den Florentinern eine beträchtliche finanzielle Unterstützung, die ihm helfen sollte, seinen chronischen Geldmangel zu beheben. Die *signoria* war eifrig bestrebt, ihm zu Gefallen zu sein, falls er wirklich kommen würde, andernfalls freilich nicht. Und würde er tatsächlich kommen? Im Jahre 1507 wurde Francesco Vettori ausgesandt, um dies herauszufinden, aber seine Berichte waren derartig verwirrend, daß Machiavelli ihm sechs Monate später mit zusätzlichen Instruktionen hinterhergesandt wurde. Beide Männer blieben bis zum Juni des folgenden Jahres am kaiserlichen Hof, dem Zeitpunkt, zu dem die angekündigte Expedition endgültig abgeblasen worden war.

Machiavellis Kommentare über das Oberhaupt der Habsburger enthalten keine der Nuancierungen oder Qualifikationen, die seine Beschreibungen von Cesare Borgia und Julius II. auszeichnen. Von Anfang bis zum Ende erschien Machiavelli der Kaiser als ein total unfähiger Herrscher, mit kaum einer der notwendigen Qualifikationen, eine effektive Regierung zu leiten. Seine grundlegende Schwäche war nach Machiavellis Urteil eine Neigung, insgesamt »zu nachlässig und zu leichtgläubig zu sein«, infolge derer er eine »stete Bereitwilligkeit zeigt, von jeder verschiedenen Meinung«, die ihm unterbreitet wird, »beeinflußt zu werden« (*Legazioni*, 1098f). Dies macht es unmöglich, Verhandlungen zu führen, denn selbst wenn er beginnt, sich für eine bestimmte Vorgehensweise zu entscheiden – wie im Falle der Expedition nach Italien – so ist es immer noch ziemlich sicher zu sagen: »Gott allein weiß, wie es endet« (1139). Das erklärt auch die hoffnungslos geschwächte Herrschaft, weil jeder »in ständiger Verwirrung« bleibt und »niemand weiß, was der Kaiser überhaupt tun wird« (1106).

Machiavellis Porträt des Kaisers im *Fürsten* wiederholt weitgehend diese frühere Beurteilung. Maximilian wird im Zuge des 23. Kapitels beurteilt. Dort geht es um die für Fürsten bestehende Notwendigkeit, auf gute Ratschläge zu hören. Das Verhalten des Kaisers wird als warnendes Beispiel für die Gefahren behandelt, die sich ergeben, wenn man seinen Ratgebern nicht mit angemessener Entschiedenheit begegnet. Maximilian wird als so »leicht beeinflußbar« bezeichnet, daß er, wenn seine Pläne »durch die Ausführung bekannt und offenbar« werden und dann »bei seiner Umgebung Widerspruch finden«, so vollständig aus der Bahn geworfen wird, daß er sich unverzüglich davon abbringen läßt. Dies macht ihn nicht nur zu einem enttäuschenden Verhandlungspartner, da »man nie weiß, was er zu tun beabsichtigt«, es macht ihn auch zu einem völlig inkompetenten Herrscher, da man »sich auf seine Entschlüsse nicht verlassen kann« und »er heute rückgängig macht, was er gestern getan hat« (F 131).

Die Lehren der Diplomatie

Zu der Zeit, als Machiavelli seine endgültigen Urteile über die Herrscher und Staatsmänner, denen er begegnet war, aufzeichnete, war er zu dem Schluß gekommen, daß es eine einfache, wenn auch grundlegende Lehre gibt, die sie alle mißverstanden hatten, weshalb sie im allgemeinen mit ihren Unternehmungen gescheitert waren oder sonst eher durch Glück als durch gesundes politisches Urteil Erfolg gehabt hatten. Die grundlegende Schwäche, die sie alle teilten, war eine fatale Unflexibilität angesichts sich ändernder Umstände. Cesare Borgia war zu allen Zeiten in seiner Selbstsicherheit arrogant; Maximilian war immer vorsichtig und übermäßig unschlüssig; Julius II. war immer draufgängerisch und übermäßig aufgeregt. Was sie alle nicht anerkennen wollten, war, daß sie viel erfolgreicher gewesen wären, wenn sie versucht hätten, ihre Persönlichkeit den Erfordernissen der Zeit anzupassen statt zu versuchen, ihre Zeit nach der Art ihrer Persönlichkeit umzubilden.

Machiavelli stellte dieses Urteil schließlich genau in den Mittelpunkt seiner Analyse der politischen Herrschaft im *Fürsten*. Freilich registrierte er diese Einsicht das erste Mal sehr viel früher im Verlauf seiner aktiven Karriere als Diplomat. Es ist obendrein aus seinen *Gesandtschaftsberichten* deutlich, daß sich ihm diese Verallgemeinerung zunächst weniger als Resultat seiner eigenen Überlegungen ergab als vielmehr dadurch, daß er den Ansichten zweier der gescheitesten Politiker, denen er begegnet war, Gehör schenkte und sie in der Folge gründlich erwog. Die entscheidende Einsicht wurde ihm zuerst am Tage von Julius' Wahl zum Papst zuteil. Machiavelli fand sich in eine

Unterredung mit Francesco Soderini, dem Kardinal von Volterra und Bruder von Piero Soderini, dem Regierungschef (*gonfaloniere*) von Florenz, verwickelt. Der Kardinal versicherte ihm, »daß seit vielen Jahren die Republik nicht soviel von einem Papste hoffen konnte als von diesem hier« (III 170). »Aber nur« fügte er hinzu, »wenn man es versteht, sich in Einklang mit den Zeiten zu setzen«. Zwei Jahre später traf Machiavelli auf dasselbe Urteil im Verlaufe der Unterhandlung mit Pandolfo Petrucci, dem Fürsten von Siena, den er später im *Fürsten* voller Bewunderung einen »trefflichen Mann« nennen sollte (F 128). Machiavelli war von der *signoria* beauftragt worden, die Gründe für alle die »Listen und Intrigen« in Erfahrung zu bringen, die Pandolfos Unterhandlungen mit Florenz gekennzeichnet hatten (*Legazioni*, 911). Pandolfo antwortete mit einer Unverfrorenheit, die Machiavelli offensichtlich sehr beeindruckte: »Da ich so wenig Fehler wie möglich zu machen wünsche«, antwortete er, »führe ich meine Regierung von einem Tag zum nächsten und ordne meine Angelegenheiten von einer Stunde zur nächsten, weil die Zeiten mächtiger sind als unsere Köpfe« (912).

Obwohl Machiavellis Urteile über die Herrscher seiner Zeit im allgemeinen äußerst kritisch sind, wäre es ein Irrtum, daraus zu schließen, daß er die gesamte Geschichte der zeitgenössischen Staatskunst als eine Geschichte der Verbrechen, Torheiten und Ungeschicklichkeiten angesehen hätte. An verschiedenen Punkten seiner diplomatischen Laufbahn konnte er beobachten, wie ein politisches Problem angepackt und in einer Weise gelöst wurde, die nicht nur seine vorbehaltlose Bewunderung erregte, sondern auch einen deutlichen Einfluß auf seine eigenen Theorien politischer Herrschaft ausübten. Ein solcher

Augenblick trat im Jahre 1503 im Verlaufe des sich lang hinziehenden Nervenkriegs zwischen Cesare Borgia und dem Papst ein. Machiavelli beobachtete fasziniert, wie Julius mit dem Dilemma fertig werden würde, das durch die Anwesenheit des Herzogs am päpstlichen Hof entstanden war. Wie er den Zehn des Krieges mitteilte, war »der natürliche Haß ... bekannt, den seine Heiligkeit immer auf ihn hatte«. Dies ändert aber kaum etwas an der Tatsache, daß Borgia »ihm mehr als jeder andere geholfen hat«, seine Wahl zu gewinnen, weshalb er dem Herzog »große Versprechungen gemacht habe« (III 172f). Das Problem schien unlösbar: wie konnte Julius hoffen, irgendeine Handlungsfreiheit zu erlangen, ohne gleichzeitig sein feierliches Gelöbnis zu brechen?

Wie Machiavelli schnell entdeckte, kam die Antwort in zwei entwaffnend einfachen Schritten. Vor seiner Wahl gab sich Julius Mühe zu betonen, daß er, als »Mann von Wort« (III 182), absolut verpflichtet gewesen sei, mit Borgia in Kontakt zu bleiben, »um ihm Wort zu halten« (III 191). Aber sobald er sich sicher fühlte, brach er auf der Stelle sämtliche Versprechen. Er verweigerte dem Herzog nicht nur Titel und Truppen, sondern ließ ihn sogar festnehmen und im päpstlichen Palast einkerkern. Machiavelli ist kaum imstande, sein Erstaunen wie auch seine Bewunderung hinsichtlich dieses *coup* zu verbergen. »Man sieht«, ruft er aus, »daß dieser Papst sehr anständig anfängt, seine Schulden zu bezahlen: er löscht sie mit dem Schwamm des Tintenfasses aus«. Auch glaubt keiner, setzt er bedeutungsvoll hinzu, daß das Papsttum dadurch entehrt worden sei; ganz im Gegenteil: »Von allen ... werden ihm die Hände gesegnet« (III 236).

Bei dieser Gelegenheit fühlte Machiavelli sich von Borgia

enttäuscht, weil er sich auf diese ruinöse Weise hatte ausmanövrieren lassen. Wie er es bezeichnenderweise ausdrückte, hätte der Herzog niemals annehmen dürfen, »die Worte anderer würden fester sein als seine waren« (III 173). Nichtsdestoweniger war Borgia unzweifelhaft derjenige Herrscher, den Machiavelli bei seinen Unternehmungen zu beobachten am instruktivsten fand, und bei zwei anderen Gelegenheiten hatte er das Privileg, ihn einer gefährlichen Krise die Stirn bieten und sie mit einer Stärke und Sicherheit bewältigen zu sehen, die ihm Machiavellis vollständigen Respekt gewann.

Das erste dieser unvorhergesehenen Ereignisse trat im Dezember 1502 ein, als die Bevölkerung der Romagna plötzlich ihrer Wut über die Unterdrückungsmethoden Luft machte, die von Borgias Statthalter, Rimirro de Orco, bei der Befriedung der Provinz im vorangegangenen Jahr angewandt worden waren. Zugegebenermaßen hatte Rimirro lediglich die Befehle des Herzogs ausgeführt, und zwar mit sichtlichem Erfolg, denn er führte das ganze Gebiet aus dem Chaos in geordnete Verhältnisse zurück. Aber seine Grausamkeit hatte soviel Haß geschürt, daß die Fortdauer der Stabilität der Provinz jetzt in Gefahr war. Was sollte Borgia tun? Seine Lösung zeigte eine erschreckende Schärfe, eine Eigenschaft, die sich in Machiavellis Bericht von dieser Episode deutlich widerspiegelt. Rimirro wurde nach Imola beordert, und vier Tage später wurde er »in zwei Stücken auf dem Markte gefunden ..., wo er noch liegt und das ganze Volk ihn hat sehen können«. »Man weiß die Ursache seines Todes nicht genau«, fügt Machiavelli hinzu, »außer daß es dem Fürsten so gefallen hat, der zeigt, daß er die Männer nach Gutdünken zu erheben und zu vernichten weiß, je nach ihren Verdiensten« (II 413).

Der andere Fall, in dem Borgia Machiavellis mit Verblüffung gemischte Bewunderung erregte, war die Art und Weise, wie er mit den militärischen Schwierigkeiten fertig wurde, die sich etwa zur selben Zeit in der Romagna entwickelten. Zunächst war der Herzog genötigt gewesen, sich für seine militärische Unterstützung in der Hauptsache auf die kleineren Landesfürsten zu verlassen. Aber im Sommer 1502 wurde es deutlich, daß deren Führer, besonders die Orsini und die Vitelli, nicht nur unzuverlässig waren, sondern sogar eine Verschwörung gegen ihn angezettelt hatten. Was sollte er tun? Seine erste Maßnahme war, sich ihrer einfach zu entledigen, indem er sie unter der Vorspiegelung einer Versöhnung zu einer Zusammenkunft nach Senigallia lud und sie *en masse* ermorden ließ. Dies eine Mal verläßt Machiavelli seine bemühte Kälte, als er dieses Manöver beschreibt und er zugibt, daß ihn diese Entwicklung in »Verwirrung« (II 420) gestürzt habe. Borgia zeigte sich daraufhin entschlossen, in Zukunft nie wieder von solchen verräterischen Verbündeten abhängig zu sein, sondern stattdessen eigene Truppen auszuheben. Diese Politik, die in einer Zeit fast beispiellos war, als beinahe jeder italienische Fürst mit Hilfe von Söldnern kämpfte, scheint Machiavelli sogleich als eine ungewöhnlich weitsichtige Maßnahme aufgefallen zu sein. Er berichtet mit offensichtlicher Billigung, daß der Herzog nicht nur entschieden habe, eine der »Grundlagen« seiner Macht müßten von jetzt ab die eigenen Truppen sein, sondern auch, daß er den Prozeß der Aushebung mit einer erstaunlichen Geschwindigkeit begonnen habe, »da seine Rüstungen schon aus 500 schweren Reitern und ebensoviel leichten Reitern bestehen« (II 332). In seinem warnendsten Ton erklärt er, daß er dies »um so lieber« schreibe, weil er zu der Überzeugung gelangt sei, daß jeder, der »gut bewaffnet ist und mit seinen Waffen«, sich immer in einer vorteilhaften Position befinde, wohin er sich auch wende (II 368).

Im Jahre 1510, nach einem Jahrzehnt diplomatischer Missionen ins Ausland, hatte Machiavelli sich ein Urteil über die meisten Staatsmänner, mit denen er zusammengetroffen war, gebildet. Nur Julius II. blieb ihm bis zu einem gewissen Grade ein Rätsel. Auf der einen Seite erschien die Kriegserklärung des Papstes an Frankreich im Jahre 1510 Machiavelli fast irrsinnig unverantwortlich. Es erforderte keine Phantasie, zu sehen, daß der Stadt Florenz »kein schrecklicheres Unglück widerfahren könne als die Feindschaft dieser beiden Fürsten« (III 436). Auf der anderen Seite konnte er die Hoffnung nicht aufgeben, daß Julius sich durch sein bloßes Ungestüm gleichwohl eher als Retter denn als Geißel Italiens erweisen werde. Am Ende des Feldzuges gegen Bologna erlaubte sich Machiavelli zu fragen, ob der Papst nicht im Begriffe sei, »Größeres zu versuchen«, so daß »diesmal Italien vor denen wird gesichert werden, die es zu verschlingen gedenken« (III 395). Trotz der Verschärfung der internationalen Krise versuchte er vier Jahre später immer noch, seine wachsende Furcht durch die Überlegung zu vertreiben, daß wie im Falle Bolognas der Papst es vielleicht doch fertigbringen werde, jedermann »nach sich zu ziehen« (III 416f).

Zu Machiavellis und Florenz' Unglück zeitigten seine Befürchtungen bessere Voraussagen als seine Hoffnungen. Nachdem Julius in den Kämpfen im Jahre 1511 hart bedrängt worden war, reagierte er, indem er ein Bündnis schloß, das das gesamte Gesicht Italiens veränderte. Am 4. Oktober 1511 bildete er mit Ferdinand von Spanien die Heilige Liga, wodurch er die militärische Unterstützung

Spaniens für den Krieg gegen Frankreich gewann. Sobald die neuen Kampfhandlungen im Jahre 1512 begonnen hatten, marschierte die gewaltige spanische Infanterie in Italien ein. Zuerst brachte sie den Vormarsch der Franzosen zum Erliegen, indem sie sie zwang, Ravenna, Parma und Bologna zu räumen und sich schließlich über Mailand hinaus zurückzuziehen. Dann wandten die Spanier sich gegen Florenz. Die Stadt hatte nicht gewagt, den Franzosen zu trotzen, und es infolgedessen unterlassen, dem Papst ihre Unterstützung zuzusagen. Nun mußte sie für diesen Fehler teuer bezahlen. Am 29. August eroberten die Spanier die Nachbarstadt Prato, und drei Tage später kapitulierten die Florentiner. Der *gonfaloniere* Soderini floh ins Exil, die Medici betraten nach einer Abwesenheit von achtzehn Jahren wieder die Stadt, und wenige Wochen später wurde die Republik aufgelöst.

Machiavellis eigenes Schicksal war mit dem Zusammenbruch des republikanischen Regimes besiegelt. Am 7. November wurde er formell von seinem Posten in der Staatskanzlei entlassen. Drei Tage später wurde er dazu verurteilt, sich ein Jahr lang innerhalb des florentinischen Gebietes aufzuhalten, wobei die Kaution die enorme Summe von 1000 Florin betrug. Im Februar 1513 dann traf ihn der härteste Schlag. Er geriet irrtümlich in den Verdacht, an einer fehlgeschlagenen Verschwörung gegen die neue Regierung der Medici teilgenommen zu haben. Nachdem er gefoltert worden war, wurde er zu Gefängnis und zur Zahlung einer hohen Geldstrafe verurteilt. Wie er sich später den Medici gegenüber in der Widmung zum *Fürsten* beklagt, hatte ihn »eine harte und andauernde Mißgunst *Fortunas*« (F 34) plötzlich und unverdient getroffen.

II. Der Fürstenberater

Der florentinische Kontext

Früh im Jahre 1513 verzeichnete die Familie Medici ihren strahlendsten Triumph. Am 22. Februar begab sich Kardinal Giovanni de' Medici auf die Nachricht vom Tode Julius' II. hin nach Rom, und am 11. März ging er aus dem Konklave der Kardinäle als Papst Leo X. hervor. In gewisser Hinsicht bedeutete dies einen weiteren schweren Schlag für Machiavellis Hoffnungen, denn es verschaffte dem neuen Regime in Florenz eine beispiellose Popularität. Giovanni war der erste Florentiner, der jemals Papst geworden war, und nach dem Bericht des zeitgenössischen Tagebuchverfassers Luca Landucci feierte die Stadt dies Ereignis beinahe eine Woche lang mit Feuerwerk und Artillerieschießen. Aber in anderer Hinsicht war diese Entwicklung ein unerwarteter Glücksfall, denn sie veranlaßte die Regierung, als Teil der allgemeinen Lustbarkeiten eine Amnestie zu erklären, und Machiavelli wurde freigelassen.

Sobald er aus dem Gefängnis gekommen war, begann Machiavelli, Pläne zu schmieden, um sich den neuen Machthabern der Stadt zu empfehlen. Sein früherer Kollege Francesco Vettori war zum Gesandten in Rom ernannt worden, und Machiavelli drängte ihn wiederholt in seinen Briefen, seinen Einfluß zu benutzen, daß der Papst, »wenn's möglich wäre, begänne, mich zu etwas zu verwenden« (V 337). Es wurde freilich bald deutlich, daß Vettori außerstande oder vielleicht nicht bereit war zu helfen. Völlig entmutigt zog sich Machiavelli auf sein kleines Landgut in Sant' Andrea zurück, wodurch er bezeuge (wie er an Vettori schrieb), daß er »die Gesellschaft fliehe« (V 353). Von dort her begann er zum ersten Mal, die politische Szene weniger als Teilnehmer denn als Analytiker zu betrachten. Zuerst sandte er lange und kraftvoll argumentierende Briefe über die Folgen der neuerlichen französischen und spanischen Interventionen in Italien an Vettori. Und dann begann er — wie er in einem Brief vom 10. Dezember erklärte —, sich dadurch seine erzwungene Untätigkeit zu vertreiben, daß er systematischer über seine Erfahrungen als Diplomat nachdachte, über die Lehren der Geschichte und von daher über die Regeln der Staatskunst.

Wie sich Machiavelli in demselben Brief beklagt, ist er darauf reduziert, so zu leben, wie es sein »armes Landgut und geringes Vermögen zuläßt«. Aber er macht sich das Leben dadurch erträglich, daß er sich jeden Abend zu seinen Studien zurückzieht und über die klassische Geschichte liest, indem er sich »in die Säulenhallen der großen Alten« begibt, um »mit ihnen zu sprechen, sie um den Grund ihrer Handlungen zu fragen«. Auch hat er über die Einsichten nachgedacht, die er in den fünfzehn Jahren, »die ich mit dem Studium der Staatskunst zugebracht«, gewonnen hat. Das Ergebnis ist, sagte er, daß er »ein Werkchen *De principatibus*« geschrieben hat, »worin ich die Fragen über diesen Gegenstand ergründe, so tief ich kann«. Dieses »Werkchen« war Machiavellis Meisterwerk *Der Fürst*, welches — wie dieser Brief zeigt — in der zweiten Hälfte des Jahres 1513 entworfen und zu Weihnachten desselben Jahres fertiggestellt wurde (V 404 ff).

Machiavellis größte Hoffnung, wie er Vettori gestand, war, daß diese Abhandlung dazu dienen könnte, ihm die Aufmerksamkeit der »Herren Medici« (V 408) zu verschaffen. Ein Grund für den Wunsch, auf diese Weise auf sich aufmerksam zu machen, war, wie seine Widmung im *Fürsten* klarmacht, das Verlangen, den Medici »ein Zeugnis meiner Ergebenheit« darzubringen (F 33). Seine diesbezüglichen Sorgen scheinen sogar seine normalerweise objektiven Maßstäbe der Argumentation beeinträchtigt zu haben, denn in Kap. 20 des *Fürsten* behauptet er emphatisch: »Die Fürsten — und vor allem die neu zur Herrschaft gelangten — haben meist die Männer, welche bei Beginn ihrer Regierung für verdächtig galten, treuer und brauchbarer gefunden als die, welche im Anfang ihr Vertrauen besaßen« (F 121). Da dieser Behauptung später in den *Discorsi* rundheraus widersprochen wird (D 57ff), ist es schwer, sich des Eindrucks zu erwehren, daß an diesem Punkt Machiavellis Analyse nicht ganz frei von Voreingenommenheit ist, besonders da er eifrig wiederholt, daß er »nicht unterlassen will«, die Fürsten daran zu erinnern, daß sie »mehr Nutzen« von denen haben, »die mit der früheren Regierung zufrieden waren« als von jedem anderen (F 122).

Aber natürlich war es Machiavellis Hauptsorge, den Medici klarzumachen, daß er ein Mann war, den in ihre Dienste zu nehmen sich lohnen würde, ein Experte, den zu ignorieren töricht wäre. Er besteht in seiner Widmung darauf, daß, um den Charakter eines Fürsten »richtig zu erfassen«, der Beobachter nicht selber ein Fürst sein dürfe, sondern dem Volke angehören müsse. Mit seinem üblichen Selbstvertrauen fügt er hinzu, daß seine Überlegungen aus zwei Gründen von außergewöhnlichem Wert sein dürften.

Er betont »die lange Erfahrung in der Gegenwart«, die er »in so langen Jahren und unter so viel Mühen und Gefahren erworben« habe. Und er verweist mit Stolz auf die theoretische Beherrschung der Staatskunst, die er sich gleichzeitig »durch anhaltendes Studium des Altertums« angeeignet habe – eine unentbehrliche Quelle der Weisheit, »die ich mit großer Sorgfalt lange durchdacht und nachgeprüft habe« (F 33f).

Worüber also glaubt Machiavelli Fürsten im allgemeinen und die Medici im besonderen aufgrund seiner Belesenheit und Erfahrung belehren zu können? Dem Leser, der den *Fürsten* von vorne beginnt, scheint er kaum mehr anzubieten als eine trockene und überschematische Analyse der Arten der Fürstentümer und der Mittel, »sie zu erobern und zu behaupten« (F 81). Im einleitenden Kapitel beginnt er damit, die Idee der »Herrschaft« zu isolieren und stellt fest, daß alle Herrschaften entweder »Republiken oder Fürstentümer« sind. Unmittelbar darauf übergeht er den ersten Begriff mit der Bemerkung, daß er im Augenblick jede Diskussion der Republiken beiseite lassen und sich ausschließlich mit Fürstentümern befassen wolle. Darauf macht er die wenig bemerkenswerte Beobachtung, daß alle Fürstentümer entweder »ererbt oder nur erworben« sind. Wieder läßt er den ersten Fall beiseite mit der Begründung, daß in einem ererbten Staat die Schwierigkeiten für den Herrscher, sich zu behaupten, sehr viel geringer seien als in einem neu erworbenen und er infolgedessen weniger seines Rates bedürfe. Indem er sich nun auf die neu erworbenen Fürstentümer konzentriert, unterscheidet er im folgenden die »gänzlich neuen« von denen, die »dem ererbten Staat des Fürsten, der sie erobert, angegliedert werden« (F 35). Hier ist er weniger an letzterer Art interessiert, und nach drei Kapiteln über »zusammengesetzte Fürstentümer« kommt er in Kap. 6 auf das Thema zu sprechen, das ihn offensichtlich am meisten fasziniert: das der »gänzlich neuen Fürstentümer« (F 52). An diesem Punkt nimmt er eine weitere Unterteilung seines Gegenstandes vor, und gleichzeitig führt er die vielleicht wichtigste Antithese seiner gesamten politischen Theorie ein: die, um welche sich die Beweisführung des *Fürsten* dreht. Neue Fürstentümer, so erklärt er, sind entweder erworben »durch eigene Waffen und durch *virtù*« (F 52), oder »durch fremde Waffen und durch *Fortuna*« (F 56).

Innerhalb dieser letzten Dichotomie ist Machiavelli wiederum weniger an der ersten Möglichkeit interessiert. Er stimmt zu, daß diejenigen, die »ihre eigene *virtù* zu Fürsten gemacht hat«, »bewundernswert« sind, und er nennt als Beispiele »Moses, Kyros, Romulus, Theseus und ähnliche« (F 53). Aber er sieht sich außerstande, irgendein modernes italienisches Beispiel anzuführen (mit der möglichen Ausnahme von Francesco Sforza), und seine Argumentation läßt die Folgerung zu, daß eine solche herausragende *virtù* inmitten der Korruption der modernen Welt kaum zu erwarten ist (F 52). Er konzentriert sich dementsprechend auf den Fall von Fürstentümern, die durch *Fortuna* und durch fremde Waffen erworben worden sind. Hier findet er ganz im Gegenteil das moderne Italien voll von Beispielen: Am instruktivsten ist das des Cesare Borgia, der »durch die *Fortuna* seines Vaters« zur Macht gelangte (F 58), und dessen Beispiel man allen »als Vorbild hinstellen« kann, »die durch Glück und fremde Waffen zur Herrschaft gelangt sind« (F 64).

Diese Bemerkung bildet das Ende der Einteilungen und Unterteilungen Machiavellis und bringt uns zu der Art von

Fürstentümern, mit denen er vorrangig befaßt ist. Auf dieser Stufe wird auch klar, daß er trotz aller Mühe, die er sich gegeben hat, seine Argumentation als eine Abfolge von neutralen Typologien zu präsentieren, die Diskussion geschickterweise derartig organisiert hat, daß er eine ganz besondere Art von Fall in den Mittelpunkt stellt, und zwar wegen ihrer lokalen und persönlichen Bedeutung. Die Situation, in der das Bedürfnis nach dem Rat eines Experten als besonders dringend dargestellt wird, liegt da vor, wo ein Herrscher durch *Fortuna* und durch fremde Waffen zur Macht gelangt ist. Jedem zeitgenössischen Leser des *Fürsten* mußte der Gedanke kommen, daß zu dem Zeitpunkt, zu dem Machiavelli diese Forderung vorbrachte, die Medici soeben ihre frühere Machtstellung in Florenz aufgrund eines erstaunlichen Falles einer guten *Fortuna* im Verein mit der unwiderstehlichen Macht fremder Waffen, die von Ferdinand von Spanien bereitgestellt worden waren, wiedererlangt hatten. Das heißt natürlich nicht, daß Machiavellis Argumentation wegen ihrer nur beschränkten Relevanz einfach übergangen werden kann. Aber es scheint, daß er die Absicht hatte, die Aufmerksamkeit seiner ursprünglichen Leser auf einen bestimmten Zeitpunkt und Ort zu lenken. Der Ort war Florenz; der Zeitpunkt war derjenige, zu dem der *Fürst* geschrieben wurde.

Das klassische Erbe

Wenn Machiavelli und seine Zeitgenossen — wie im Jahre 1512 — sich veranlaßt sahen, über die ungeheure Macht der *Fortuna* in menschlichen Angelegenheiten nachzudenken, wandten sie sich im allgemeinen den römischen Historikern und Moralisten zu, um eine maßgebliche Analyse des Charakters dieser Göttin zu erhalten. Diese Schriftsteller hatten festgehalten, daß die erste Lektion, die ein Herrscher lernen muß, der seine Stellung dem Eingreifen *Fortunas* verdankt, darin besteht, die Göttin zu fürchten, selbst wenn sie mit Geschenken kommt. Eine besonders einflußreiche Formulierung dieser Forderung stammte aus dem 30. Buch von Livius' *Römischer Geschichte*, in dem er den dramatischen Augenblick schildert, als Hannibal endlich vor dem jüngeren Scipio kapituliert. Hannibal beginnt seine Kapitulationsrede mit der bewundernden Bemerkung, daß sein siegreicher Gegner bisher »ein Mann gewesen ist, den *Fortuna* niemals getäuscht hat«. Aber dies dient ihm lediglich als Anlaß, eine ernste Warnung hinsichtlich der Stellung *Fortunas* in menschlichen Angelegenheiten auszusprechen. »Die Macht *Fortunas*« ist nicht nur »immens«, sondern der größten guten *Fortuna* darf man am allerwenigsten trauen. Wenn wir unseren Aufstieg von *Fortuna* abhängig machen, setzen wir uns der Gefahr aus, »umso schrecklicher zu fallen«, wenn sie sich gegen uns wendet – und es ist beinahe sicher, daß das schließlich der Fall sein wird.

Freilich dachten sich die römischen Moralisten *Fortuna* niemals als eine unerbittlich bösartige Macht. Ganz im Gegenteil sahen sie sie als eine gute Göttin, *bona dea*, und eine potentielle Verbündete an, deren Aufmerksamkeit auf sich zu lenken durchaus der Mühe wert war. Der Grund, ihre Freundschaft zu suchen, ist natürlich der, daß sie über die Glücksgüter verfügt, denen alle Menschen nachjagen. Diese Güter selbst werden verschieden benannt: Seneca betont »Ehren, Reichtümer und Einfluß«; Sallust zieht

»Ruhm, Ehre und Macht« vor. Aber in einem Punkt herrschte eine allgemeine Übereinstimmung: Daß unter allen Gaben der *Fortuna* die größte die Ehre und der damit verbundene Ruhm sei. Wie Cicero in *De officiis* wiederholt betont, ist das höchste Gut des Menschen »die Erlangung von Ruhm«, »die Vergrößerung persönlicher Ehre und des Ruhmes«, die Erwerbung des »wahrsten Ruhmes«, der gewonnen werden kann.

Die zentrale Frage, die diese Autoren dementsprechend aufwerfen, ist diese: Wie können wir *Fortuna* überreden, in unsere Richtung zu schauen, die Gaben aus ihrem Füllhorn eher über uns als über andere auszuschütten? Die Antwort ist, daß *Fortuna*, obgleich eine Göttin, gleichwohl eine Frau ist; und da sie eine Frau ist, wird sie vor allem vom *vir* angezogen, dem Mann von wahrhafter Männlichkeit. Demgemäß wird der männliche Mut für eine Eigenschaft gehalten, die sie besonders gern belohnt. Livius z. B. zitiert verschiedentlich das Sprichwort, daß *Fortuna* den Tapferen begünstigt. Aber die Eigenschaft, die sie vor allem bewundert, ist *virtus*, das Attribut, das seinen Namen vom wahrhaft männlichen Mann hat. Die Idee, die diesem Glauben zugrundeliegt, geht am klarsten aus Ciceros *Tusculanischen Gesprächen* hervor. Darin legt er dar, daß das Kriterium für einen wirklichen Mann, einen *vir*, der Besitz von *virtus* in ihrem höchsten Grade sei. Die Bedeutung dieser Überlegung wird ausführlich in Livius' *Römischer Geschichte* erkundet, in denen die von den Römern erzielten Erfolge beinahe immer im Rahmen der Tatsache erklärt werden, daß *Fortuna* es liebt, der *virtus* zu folgen, ja ihr zu Diensten zu sein, und im allgemeinen denen zulächelt, die sie besitzen.

Mit dem Triumph des Christentums wurde diese klassische Analyse der *Fortuna* vollständig fallengelassen. Die christliche Ansicht, am zwingendsten von Boëthius im *Trost der Philosophie* dargelegt, beruht darauf, daß die zentrale Annahme, *Fortuna* sei beeinflußbar, schlichtweg bestritten wird. Die Göttin wird nun als »eine blinde Macht« beschrieben und von daher als völlig wahl- und gefühllos bei der Verleihung ihrer Gaben. Sie wird nicht länger als eine potentielle Freundin angesehen, sondern einfach als eine mitleidlose Macht; ihr Symbol ist nicht länger das Füllhorn, sondern vielmehr das Glücksrad, das sich, unerbittlich »wie Ebbe und Flut«, dreht.

Diese neue Ansicht der Natur *Fortunas* ging einher mit einem neuen Gefühl für ihre Bedeutung. Gerade ihre Unbekümmertheit und ihre Blindheit gegenüber menschlichem Verdienst bei der Verteilung ihrer Belohnungen soll uns nun daran erinnern, daß die Güter der *Fortuna* es nicht wert sind, daß wir ihnen nachjagen, daß die Sucht nach weltlicher Ehre und Ruhm, wie Boëthius es ausdrückt, »in Wahrheit überhaupt nichts« ist. Folglich dient sie dazu, unsere Fußstapfen von den Pfaden des Ruhms wegzuwenden, indem sie uns ermutigt, über unser irdisches Gefängnis hinauszublicken, um unsere himmlische Heimat zu suchen. Aber dieses bedeutet, daß *Fortuna*, trotz ihrer launenhaften Tyrannei, in Wahrheit eine *ancilla dei* ist, eine Vermittlerin der gütigen Vorsehung Gottes. Denn es ist ein Teil von Gottes Plan, uns zu zeigen, daß »das Glück nicht in den zufälligen Dingen unseres sterblichen Lebens bestehen kann«, und uns infolgedessen dazu zu veranlassen, »die irdischen Dinge zu verachten und in der Freude des Himmels darüber zu frohlocken, von irdischen Dingen befreit zu sein«. Aus eben diesem Grunde hat Gott, so schließt Boëthius, die Herrschaft über die weltlichen Güter in *Fortunas* kraftlose Hände gelegt. Sein Ziel ist, uns zu lehren, »daß Befriedigung nicht durch Reichtum erlangt werden kann, Macht nicht durch die Königswürde, Respekt nicht durch ein Amt und Ruhm nicht durch Glanz«.

Boethius' Versöhnung von *Fortuna* und Vorsehung hatte einen dauernden Einfluß auf die italienische Literatur: Sie liegt Dantes Diskussion der *Fortuna* in Canto VII der »Hölle« (*Göttliche Komödie*, Inferno) zugrunde und bildet das Thema von Petrarcas *Heilmittel der beiden Arten der Fortuna*. Mit der Wiederherstellung klassischer Werte in der Renaissance wurde freilich diese Analyse der *Fortuna* als einer *ancilla dei* ihrerseits durch eine Rückkehr zu der früheren Vorstellung abgelöst, die behauptete, daß ein Unterschied zwischen *Fortuna* und *fatum* gemacht werden müsse.

Diese Entwicklung hatte ihren Ursprung in einer sich wandelnden Ansicht von der Natur der dem Menschen eigentümlichen »Vortrefflichkeit und Würde«. Die Tradition hatte dafür den Besitz einer unsterblichen Seele angesehen, aber in dem Werk von Petrarcas Nachfolgern finden wir eine zunehmende Neigung, die Betonung eher auf die Willensfreiheit zu verlagern. Die menschliche Freiheit wurde durch den Begriff der *Fortuna* als einer unerbittlichen Macht freilich als bedroht angesehen. So finden wir eine dementsprechende Tendenz, jede Andeutung zurückzuweisen, daß *Fortuna* lediglich eine Handlangerin der Vorsehung sei. Ein schlagendes Beispiel bietet Pico della Mirandolas Angriff auf die angebliche Wissenschaft der Astrologie, eine Wissenschaft, die er deshalb angriff, weil sie auf der falschen Annahme beruht, daß uns unsere *Fortuna* unentrinnbar von den Sternen zum Zeitpunkt unserer Geburt zugeteilt werde. Ein wenig später beginnen wir der weitverbreiteten Berufung auf die viel optimistischere Ansicht zu begegnen, daß – wie Shakespeare Cassius zu Brutus sagen läßt –, wenn wir in unseren Anstrengungen, Größe zu erlangen, scheitern, der Fehler »nicht in unseren Sternen, sondern in uns selbst liegen muß«.

Dadurch, daß die italienischen Humanisten des 15. Jahrhunderts sich auf diese neue Einstellung zur Freiheit stützten, konnten sie das gesamte klassische Bild der Rolle *Fortunas* in den menschlichen Angelegenheiten rekonstruieren. Wir finden es bei Alberti, in Pontanos Abhandlung *Über Fortuna*, und am bemerkenswertesten in Aeneas Sylvius Piccolominis Traktat aus dem Jahre 1444 mit dem Titel *Ein Traum von Fortuna*. Der Verfasser träumt, daß er durch *Fortunas* Reich geführt wird und daß er der Göttin selbst begegnet. Sie erklärt sich bereit, seine Fragen zu beantworten. Dabei gibt sie zu, ihre Macht bewußt auszuüben, denn als er fragt: »Wie lange bleibt Ihr den Menschen freundlich gesonnen?« antwortet sie: »Keinem sehr lange«. Aber sie ist weit davon entfernt, menschlichem Verdienst gegenüber gleichgültig zu sein und wehrt sich nicht gegen die Unterstellung, daß »es Künste gibt, Eure Gunst zu erlangen«. Schließlich, als sie gefragt wird, welche Eigenschaften sie besonders schätzt und verabscheut, antwortet sie mit einer Anspielung auf die Idee, daß *Fortuna* den Tapferen hilft, indem sie erklärt, daß »diejenigen, denen es an Mut gebricht, verabscheuungswürdiger seien als jeder sonst«.

Als Machiavelli im vorletzten Kapitel des *Fürsten* »*Fortunas* Macht im menschlichen Leben« diskutiert, zeigt die Art, wie er dieses zentrale Thema behandelt, daß er ein typischer Repräsentant humanistischer Haltungen ist. Er beginnt das Kapitel mit der Beschwörung der vertrauten Vorstellung, daß die Menschen »von *Fortuna* und von Gott« beherrscht würden. Offensichtlich ergibt sich daraus, daß die Menschen mit ihrer Klugheit die Ereignisse nicht lenken können, da alles vorherbestimmt sei (F 134). Im Gegensatz zu diesen christlichen Annahmen bietet er unverzüglich eine klassische Analyse der menschlichen Freiheit. Er räumt natürlich ein, daß die menschliche Freiheit weit davon entfernt ist, absolut zu sein, da *Fortuna* ungeheuer mächtig sei und »wohl zur Hälfte Herrin ist über unsere Taten«. Aber er insistiert darauf, daß die Annahme, unser Schicksal liege gänzlich in ihren Händen, die Preisgabe unserer Willensfreiheit bedeuten würde. Und da er an der humanistischen Ansicht festhält, daß Gott nicht alles tut, »um uns die Freiheit des Willens zu lassen und einen Teil des Ruhmes, der uns gebührt« (F 140), schließt er, daß die Hälfte unserer Taten »oder fast soviel« tatsächlich vielmehr unter unserer eigenen Leitung als unter dem Einfluß *Fortunas* geschehe.

Machiavellis anschaulichstes Bild für diese Vorstellung vom Menschen als dem Herrn seines Schicksals atmet wiederum klassischen Geist. Er betont, daß *Fortuna* »ein Weib« sei und folglich bereitwillig durch männliche Qualitäten verführt werde (F 138). Auf diese Weise sieht er eine echte Möglichkeit, sich zum Verbündeten *Fortunas* zu machen, zu lernen, wie man in Übereinstimmung mit ihrer Macht handelt, indem man ihre unbeständige Natur neutralisiert und so in all seinen Angelegenheiten erfolgreich bleibt (F 135, 138).

Dies bringt Machiavelli zu der Schlüsselfrage, die die römischen Moralisten ursprünglich gestellt hatten: Wie können wir hoffen, mit *Fortuna* ein Bündnis zu schmieden, wie können wir sie dazu bringen, uns anzulächeln? Er antwortet in genau den Begriffen, die sie immer gebraucht hatten. Er betont, daß sie »der Freund« der Tapferen sei, derer, die »unbedenklicher«, »dreister« sind. Und er entwickelt die Idee, daß sie hauptsächlich von der *virtus* des wahren *vir* erregt werde und darauf reagiere. Zunächst betont er die negative Seite, daß sie vor allem durch einen Mangel an *virtù* zu Wut und Haß veranlaßt wird. So wie die Anwesenheit von *virtù* wie eine Schutzwehr gegenüber ihrem Ansturm wirkt, so »zeigt auch sie ihre Gewalt dort, wo keine Kräfte zur Gegenwehr gerüstet stehen«. Er geht sogar so weit zu behaupten, daß sie nur dann ihre Macht zeigt, wenn Männer von *virtù* nicht den Mut haben, es mit ihr aufzunehmen, was besagt, daß sie diese Eigenschaft so sehr bewundert, daß sie ihren allertödlichsten Haß niemals an denen ausläßt, die diese Eigenschaft aufweisen (F 136 ff).

Machiavelli wiederholt freilich diese klassischen Argumente nicht einfach, sondern gibt ihnen eine ungewöhnliche erotische Wendung. Er deutet an, daß *Fortuna* tatsächlich so etwas wie eine perverse Lust dabei empfindet, grob behandelt zu werden. Er behauptet nicht nur, daß, weil sie ein Weib ist, wer sie bezwingen will, sie »schlagen und stoßen« müsse; er fügt hinzu, daß sie sich »leichter von solchen besiegen läßt als von denen, die kaltblütig zu Werke gehen« (F 138).

Die Behauptung, daß die Menschen imstande sein könnten, *Fortuna* auf diese Weise zum eigenen Vorteil zu nutzen, ist manchmal als eine Machiavelli eigentümliche Ansicht dargestellt worden. Aber selbst hier macht Machiavelli lediglich Gebrauch von einem Grundbestand vertrauter Vorstellungen. Die Idee, daß man gegen *Fortuna* gewalttätig vorgehen müsse, ist von Seneca betont worden, während Piccolomini in seinem *Traum von Fortuna* schon die erotischen Untertöne dieses Glaubens untersucht hatte. Als er *Fortuna* fragt: »Wer kann Euch am ehesten festhalten?«, gesteht sie, am meisten von den Männern angezogen zu werden, »die mit dem größten Mut meine Kraft beherrschen«. Und als er schließlich zu fragen wagt: »Wer unter den Lebenden ist Euch der Angenehmste?«, antwortet sie, daß sie am meisten von denen erregt werde, »die mich in die Flucht schlagen«, während sie die mit Verachtung betrachtet, »die vor mir fliehen«.

Wenn die Menschen imstande sind, *Fortuna* zu bändigen und auf diese Weise ihre höchsten Ziele zu erreichen, muß die nächste Frage sein, welche Ziele sich ein neuer Fürst setzen sollte. Machiavelli legt zunächst eine Minimalbedingung fest, und zwar mit einem Ausdruck, der durch den ganzen *Fürst* hindurch immer wieder anklingt. Das grundlegende Ziel muß darin bestehen, *mantenere lo stato*, womit er sagen will, daß ein neuer Herrscher den bestehenden Zustand der Dinge erhalten und besonders die Kontrolle über das herrschende Regierungssystem behalten muß. Freilich gibt es weit größere Ziele als das bloße Überleben; und bei ihrer Spezifikation erweist sich Machiavelli erneut als ein wahrer Erbe der römischen Historiker und Moralisten. Er nimmt an, daß alle Menschen vorrangig die Güter *Fortunas* zu erwerben trachten. Und so ignoriert er vollständig das orthodoxe christliche Gebot (wie es zum Beispiel von Thomas von Aquin in der *Fürstenherrschaft* betont worden war), daß ein guter Herrscher die Versuchungen weltlichen Ruhms und Reichtums meiden sollte, um sich seiner himmlischen Belohnungen zu versichern. Ganz im Gegensatz dazu erscheint es Machiavelli offensichtlich, daß die höchsten Belohnungen, denen Menschen nachjagen müssen, »Ruhm und Reichtum« sind — die beiden schönsten Gaben, über die *Fortuna* verfügt (F 136).

Wie die römischen Moralisten freilich läßt Machiavelli die Erwerbung von Reichtum als ein grundlegendes Bedürfnis auf sich beruhen und findet, daß das edelste Ziel eines »klugen und *virtuoso*« Fürsten darin bestehen müsse, eine Regierungsform einzuführen, die ihm Ehre bringt und »zu seinem Ruhme« gereicht (F 138). Für einen neuen Herrscher besteht sogar, wie er sagt, die Möglichkeit, »doppelten Ruhm zu ernten« (F 132). Er hat nicht nur die Chance, ein neues Reich zu begründen, sondern auch, daß er es »durch gute Gesetze, ein gutes Heer und gutes Beispiel verherrlicht und befestigt« (F 132). Die Erlangung von weltlicher Ehre und Ruhm ist also das höchste Ziel für Machiavelli, nicht anders als für Livius oder Cicero. Als er im letzten Kapitel des *Fürsten* sich selbst fragt, ob die Lage in Italien für den Erfolg eines neuen Herrschers günstig sei, behandelt er diese Frage als gleichbedeutend mit der, »ob gegenwärtig in Italien die Zeiten günstig sind« zum Ruhme eines neuen Fürsten (F 138). Und wenn er seine Bewunderung für Ferdinand von Spanien zum Ausdruck bringt — den er unter allen zeitgenössischen Staatsmännern am höchsten achtet —, begründet er das damit, daß Ferdinand »große Unternehmungen und aufsehenerregende Taten« von solcher Art verrichtet hat, daß er Ruhm und Ansehen dabei gewann (F 124).

Diese Ziele, glaubt Machiavelli, sind nicht sonderlich schwierig zu erreichen — zumindest in ihrer Minimalform —, wo ein Fürst ein Reich geerbt hat, das »mit dem Hause seines Herrschers verwachsen« ist (F 35). Aber für einen neuen Fürsten sind sie sehr schwer zu erreichen, besonders wenn er seine Stellung dem Eingreifen *Fortunas* verdankt. Solche Herrscher können keine »Wurzeln« haben und stehen in der Gefahr, daß der erste Sturm, den *Fortuna* ihnen schickt, sie umstürzt (F 57). Und sie können, ja sie dürfen keinerlei Vertrauen in ein fortdauerndes Wohlwollen *Fortunas* setzen, denn das hieße, sich auf die unzuverlässigste Macht im menschlichen Leben überhaupt zu verlassen. Für Machiavelli ist demgemäß die nächste — und wichtigste — Frage diese: Welche Maximen, welche Ratschläge kann man einem neuen Herrscher anbieten, so daß er, vorausgesetzt, er beherzigt sie, von einem angestammten Herrscher nicht zu unterscheiden ist (F 132)? Mit der Antwort auf genau diese Frage befassen sich im wesentlichen die restlichen Kapitel des *Fürsten*.

Die Machiavellische Revolution

Machiavellis Ratschlag an neue Fürsten erfolgt in zwei Hauptteilen. Sein erster Grundsatz ist, daß die »hauptsächlichen Grundlagen für alle Staaten« »gute Gesetze und ein gutes Heer« sind. Obendrein sind gute Heere noch wichtiger als gute Gesetze, weil »gute Gesetze nicht bestehen können, wo ein gutes Heer fehlt«, während, »wo dieses vorhanden ist, auch jene sich finden müssen« (F 81). Die Moral — mit einem typischen Hauch Übertreibung ausgedrückt — ist, daß ein kluger Fürst »kein anderes Ziel und keine anderen Gedanken haben und sich in keiner anderen Kunst üben« sollte »als im Krieg und seinen Regeln und Erfordernissen« (F 91).

Machiavelli spezifiziert im weiteren, daß es im wesentlichen zwei Arten von Heeren gibt: gemietete Söldner und Bürgerwehren. In Italien war das Söldnersystem beinahe überall üblich, aber Machiavelli geht in Kap. 12 dazu über, einen uneingeschränkten Angriff dagegen zu führen. »Der jetzige Verfall Italiens hat keine andere Ursache, als daß das Land sich lange Jahre auf Söldnertruppen verlassen hat« (F 82). Die Resultate waren erschreckend: die ganze Halbinsel mußte »die Heerzüge Karls, die Plünderungen Ludwigs, die Gewalttaten Ferdinands und den Hohn der Schweizer erdulden« (F 86). Etwas anderes konnte man auch gar nicht erwarten, denn alle Söldner sind »unnütz und gefährlich«. Sie sind »uneinig, machtgierig, zuchtlos und verräterisch«, und ihre Fähigkeit, den Untergang herbeizuführen, wird nur so lange aufgeschoben, »als ein Angriff ausbleibt« (F 82). Für Machiavelli sind die Schlußfolgerungen offensichtlich, und er legt sie in Kap. 13 ausführlich dar: Ein kluger Fürst wird deshalb »stets solche Truppen verschmähen und sich auf eigene stützen«. So durchdrungen ist er davon, daß er die beinahe absurde Behauptung hinzufügt, daß er »lieber mit seinen (sc. Truppen) verlieren als mit fremden gewinnen« wird (F 88).

Eine derartig intensive Schärfe des Tones bedarf einer Erklärung, besonders angesichts der Tatsache, daß die meisten Historiker zu dem Schluß gekommen sind, daß das Söldnersystem gewöhnlich ganz effektiv funktioniert habe. Eine Möglichkeit ist die, daß Machiavelli in diesem Punkt einfach einer literarischen Tradition gefolgt ist. Die Behauptung, daß der Stand eines wahren Staatsbürgers das Tragen von Waffen einschließt, war von Livius und

Polybius wie von Aristoteles betont worden und wurde von verschiedenen Generationen florentinischer Humanisten übernommen, nachdem Leonardo Bruni und seine Schüler diese Vorstellung wiederbelebt hatten. Es wäre freilich für Machiavelli sehr ungewöhnlich, wenn er den von ihm am höchsten geschätzten Historikern auf eine derartig sklavische Weise folgte. Es ist viel wahrscheinlicher, daß er zwar einen generellen Angriff gegen das Söldnersystem führt, hierbei aber im Besonderen an das Unglück seiner Heimatstadt denkt, die unzweifelhaft eine Reihe von Demütigungen aus den Händen ihrer Söldnerführer im Verlaufe des sich lang hinziehenden Krieges gegen Pisa erfuhr. Nicht nur der Feldzug von 1500 war ein vollständiger Fehlschlag, sondern ein ähnliches Fiasko ergab sich, als Florenz eine erneute Offensive im Jahre 1505 führte. Die Anführer von zehn Söldner-Kompanien meuterten, sobald der Angriff begann, und binnen einer Woche mußte er abgeblasen werden.

Wie wir gesehen haben, war Machiavelli zur Zeit des Debakels von 1500 von der Entdeckung schockiert, daß die Franzosen die Florentiner mit Verachtung ansahen wegen ihrer militärischen Inkompetenz und besonders wegen ihrer Unfähigkeit, Pisa wieder zu unterwerfen. Nach dem neuerlichen Fehlschlag von 1505 nahm er die Sache in die eigenen Hände und entwarf einen detaillierten Plan für die Ersetzung der Söldnertruppen Florenz' durch eine Bürgermiliz. Der Große Rat akzeptierte die Idee vorläufig im Dezember 1505, und Machiavelli wurde bevollmächtigt, in der toskanischen Romagna mit der Truppenaushebung zu beginnen. Im folgenden Februar war er soweit, seine erste Parade in der Stadt abzuhalten, eine Gelegenheit, die von dem Tagebuchverfasser Luca Landucci mit großer Bewunderung beobachtet wurde. Er notierte, daß »dies für die schönste Sache gehalten wurde, die jemals für Florenz eingerichtet worden ist«. Während des Sommers 1506 schrieb Machiavelli die *Erste Ordnung für das Fußvolk, um eine Nationalbewaffnung in der florentinischen Republik einzuführen*. Dort betont er, »wie wenig Hoffnung man auf fremde und gemietete Truppen setzen kann«, und er versucht zu begründen, daß die Stadt stattdessen »mit ihren eigene Waffen und mit ihren eigenen Männern bewaffnet werden sollte«. Am Ende des Jahres war der Große Rat endlich überzeugt. Ein neues Regierungskomitee — die Neun der Miliz — wurde eingerichtet, Machiavelli wurde zu seinem Sekretär gewählt, und eine der Lieblings-Vorstellungen des florentinischen Humanismus wurde Realität.

Man hätte vermuten dürfen, daß Machiavellis glühende Begeisterung für seine Miliz infolge ihres katastrophalen Auftritts im Jahre 1512 abgekühlt wäre, als sie ausgesandt wurde, Prato zu verteidigen und mühelos von der vorrükkenden spanischen Infanterie beiseitegefegt wurde. Tatsächlich jedoch hielt sein Enthusiasmus unvermindert an. Ein Jahr später sehen wir ihn, wie er die Medici gegen Ende des *Fürsten* beschwört, daß das, was sie »zuvörderst« tun müßten, »die Schaffung eines eigenen Heeres« der Florentiner sei (F 141). Als er im Jahre 1521 seine *Kriegskunst* veröffentlichte — sein einziges Werk politischer Theorie, das während seines Lebens erschien — wiederholte er dieselben Argumente. Das gesamte Buch I ist der Rechtfertigung »der Methode der Bürgerwehr« gegenüber denjenigen gewidmet, die ihren Nutzen bezweifelt haben. Natürlich räumt Machiavelli ein, daß solche Truppen alles andere als unbesiegbar sind, dennoch insistiert er auf ihrer

Überlegenheit über jede andere Art von Heer. Er schließt mit der extravaganten Behauptung, daß es einfach ein Widerspruch wäre, jemanden gescheit zu nennen, der an der Vorstellung eines Bürgerheeres etwas auszusetzen habe.

Wir können jetzt verstehen, weshalb sich Machiavelli von Cesare Borgia als militärischem Führer so beeindruckt fühlte und im *Fürsten* behauptete, daß einem neuen Herrscher kein besserer Ratschlag gegeben werde könne, als sich das Verhalten des Herzogs zum Vorbild zu nehmen (F 64). Denn Machiavelli war, wie wir gesehen haben, anwesend, als der Herzog die skrupellose Entscheidung traf, seine Söldner-Statthalter zu eliminieren und sie durch seine eigenen Truppen zu ersetzen. Diese kühne Strategie scheint auf die Formung von Machiavellis Vorstellungen einen entscheidenden Einfluß ausgeübt zu haben. Er kommt auf sie zurück, sobald er die Frage der Militärpolitik in Kap. 13 des *Fürsten* aufwirft. Sie ist für ihn eine exemplarische Illustration der Maßnahmen, die jeder neue Herrscher ergreifen sollte. Borgia wird vor allem deshalb gerühmt, weil er unmittelbar erkannt hat, daß Söldnertruppen »unsicher, treulos und gefährlich« sind und es verdienten, unbarmherzig vernichtet zu werden. Und er wird noch mehr dafür gelobt, daß er die grundlegende Lektion begriffen hat, die jeder neue Fürst lernen muß, wenn er die Absicht hat, seine Position zu halten: er muß aufhören, sich auf *Fortuna* und fremde Truppen zu verlassen, sich »sein eigenes Heer schaffen« und sich selbst »zum alleinigen Herrn« seiner eigenen Truppen machen (F 89, vgl. F 65).

Die Waffen und der Mann: dies sind die beiden großen Themen Machiavellis im *Fürsten*. Die andere Lektion, die er dementsprechend den Herrschern seiner Zeit nahelegen will, ist die, daß ein Fürst, der die Höhen des Ruhms erklimmen will, außer einer starken Armee auch die richtigen Qualitäten fürstlicher Herrschaft benötigt. Das Wesen dieser Qualitäten war schon von den römischen Moralisten einflußreich analysiert worden. An erster Stelle hatten diese behauptet, daß die großen Herrscher bis zu einem gewissen Grade von *Fortuna* begünstigt sein müssen. Denn wenn *Fortuna* nicht lächelt, kann keine noch so große menschliche Anstrengung auf sich allein gestellt hoffen, die höchsten Ziele zu verwirklichen. Wie wir freilich gesehen haben, behaupteten sie auch, daß eine bestimmte Summe von Charaktereigenschaften — die des *vir* — dazu tendieren, die Gunst *Fortunas* auf sich zu ziehen, und auf diese Weise das Erlangen von Ehre, Ruhm und Prestige beinahe garantieren. Die Annahmen, die diesem Glauben zugrundeliegen, werden am besten von Cicero in den *Tusculanischen Gesprächen* zusammengefaßt. Wenn wir, so erklärt er, einfach dank unserem Bedürfnis nach *virtus* handeln ohne einen Gedanken daran, schließlich Ruhm zu gewinnen, dann verschafft uns das die beste Chance, gleichwohl Ruhm zu gewinnen, vorausgesetzt, *Fortuna* lächelt uns; denn Ruhm ist der Lohn der *virtus*.

Diese Analyse wurde ohne Änderung von den italienischen Humanisten der Renaissance übernommen. Gegen Ende des 15. Jahrhunderts war ein ausgedehntes Genre von humanistischen Fürstenspiegeln entstanden und hatte eine beispiellos weite Leserschaft durch das neue Medium des Drucks erreicht. So ausgezeichnete Schriftsteller wie Bartolomeo Sacchi, Giovanni Pontano und Francesco Patrizi schrieben Abhandlungen zur Unterweisung neuer Fürsten, die alle auf demselben grundlegenden Prinzip beruhten: daß der Besitz von *virtus* der Schlüssel zum Erfolg eines Fürsten ist. Wie Pontano in seinem Traktat *Der Fürst* sehr würdevoll proklamiert, muß sich jeder Herrscher, der seine edelsten Ziele erreichen will, »selbst dazu anstacheln«, in allen seinen öffentlichen Handlungen »dem Diktat der *virtus* zu folgen«. *Virtus* ist die »großartigste Sache der Welt«, noch großartiger als die Sonne, denn »die Blinden können die Sonne nicht sehen, während selbst sie *virtus* so klar wie nur möglich sehen können«.

Machiavelli wiederholt genau dieselben Ansichten über die Beziehungen zwischen *virtù*, *Fortuna* und dem Erreichen der fürstlichen Ziele. Er macht diese Abhängigkeit von den Humanisten zuerst klar im Kap. 6 des *Fürsten*, wo er sagt: »Bei den gänzlich neuen Fürstentümern, wo auch der Fürst neu ist, ist die Schwierigkeit, sie zu behaupten, größer oder geringer«, je nachdem ob der Fürst, der sie erwirbt, mehr oder weniger *virtuoso* ist (F 53). Dies wird später in Kap. 24 noch unterstrichen, dessen Ziel es ist zu erklären, »warum die Fürsten Italiens die Herrschaft verloren haben« (F 132). Machiavelli besteht darauf, daß sie »nicht *Fortuna* anklagen sollten« wegen ihrer Ungnade, weil sie ihre Gewalt nur dort zeigt, wo nicht Männer von *virtù* »zur Gegenwehr gerüstet« stehen (F 135). Ihre Niederlagen beruhen einfach darauf, daß sie nicht erkannt haben, daß nur die Hilfsmittel gut sind, »die vom Herrscher selbst und seiner *virtù* abhängen« (F 134). Schließlich wird die Rolle der *virtù* noch einmal in Kap. 26 betont, dem leidenschaftlichen »Aufruf«, Italien von den Barbaren zu befreien, womit der *Fürst* endet. An diesem Punkt kommt Machiavelli auf die unvergleichlichen Herrscher zurück, die er in Kap. 6 wegen ihrer hervorragenden *virtù* erwähnt hatte, Moses, Kyros und Theseus. Er läßt durchblicken, daß nichts geringeres als ein Zusammenspiel ihrer erstaunlichen Fähigkeiten mit der größten guten *Fortuna* nötig ist, um Italien zu retten. Und er fügt — in einem uncharakteristischen Augenblick alberner Schmeichelei — hinzu, daß das »erlauchte Haus« der Medici glücklicherweise alle erforderlichen Qualitäten besitze: sie haben eine außerordentliche *virtù*, sie wurden von *Fortuna* und nicht weniger »durch die Huld Gottes und der Kirche« begünstigt (F 139).

Man hört oft die Klage, daß Machiavelli nirgends eine Definition der *virtù* gebe, ja, daß er sogar (wie Whitfield sich ausdrückt) »bar jedes systematischen Gebrauchs des Wortes« sei. Aber es wird mittlerweile deutlich geworden sein, daß er diesen Begriff völlig konsistent verwendet. In der Nachfolge seiner klassischen und humanistischen Autoritäten behandelt er sie als die Eigenschaft, die einen Fürsten in den Stand setzt, den Schlägen der *Fortuna* standzuhalten, sich der Gunst dieser Göttin zu versichern und sich infolgedessen zu den Höhen fürstlichen Ruhmes emporzuschwingen, indem er Ehre und Ruhm für sich und Sicherheit für seine Regierung gewinnt.

Es bleibt freilich noch zu betrachten, welche besonderen Charakteristika bei einem Mann von *virtuoso* Fähigkeiten zu erwarten sind. Die römischen Moralisten hatten eine komplexe Analyse des Begriffs der *virtus* vererbt, dergemäß sie den wahren *vir* im allgemeinen als einen Menschen vorstellten, der drei verschiedene, wenn auch miteinander verwandte Gruppen von Eigenschaften besaß. Ihrer Auffassung nach war er zunächst mit den vier Kardinaltugenden Weisheit, Gerechtigkeit, Mut und Besonnenheit ausgestattet — den Tugenden, die Cicero (im Gefolge Platos) in den einleitenden Abschnitten von *De officiis* zu spezifizieren beginnt. Aber sie sprachen ihm außerdem einen zusätzlichen Bereich von Eigenschaften zu, die später als die ihrer Natur nach eigentlich »fürstlichen« angesehen wurden. Unter ihnen war die wichtigste Eigenschaft – die Tugend, um die sich Ciceros *De officiis* eigentlich dreht – diejenige, die Cicero *honestas* nannte, womit er eine Bereitwilligkeit meinte, sein Wort zu halten und alle Menschen jederzeit zu respektieren. Diese Tugend bedurfte, wie man empfand, der Ergänzung durch zwei andere Attribute, die beide in *De officiis* beschrieben, ausführlicher jedoch erst von Seneca analysiert wurden, der jeder der beiden besondere Abhandlungen widmete. Eine war die fürstliche Großmut, das Thema von Senecas *De clementia*; die andere war die Freigiebigkeit, eines der Hauptthemen, die in Senecas *De beneficiis* diskutiert wurden. Endlich galt der wahre *vir* als dadurch charakterisiert, daß er sich ständig der Tatsache bewußt war, daß wir uns so tugendhaft wie möglich verhalten müssen, wenn wir Ehre und Ruhm zu erlangen wünschen. Diese Behauptung – daß es immer rational ist, moralisch zu sein – ist der eigentliche Kerngedanke von Ciceros *De officiis*. Er bemerkt in Buch II, daß viele Menschen glauben, »etwas könne moralisch richtig sein, ohne nützlich, und nützlich, ohne moralisch richtig zu sein«. Aber dies ist eine Illusion, denn nur auf moralische Weise können wir hoffen, die Ziele unserer Wünsche zu erreichen. Jeder gegenteilige Anschein beruht auf einer vollkommenen Täuschung, denn »Nützlichkeit kann niemals mit moralischer Richtigkeit in Konflikt geraten«.

Diese Analyse wurde in ihrer Gänze wieder von den Verfassern der Fürstenspiegel in der Renaissance übernommen. Es galt ihnen als ausgemacht, daß der allgemeine Begriff *virtus* sich auf die komplette Liste der Kardinal- und der Fürstentugenden beziehen müsse, eine Liste, die sie im Verlaufe der Zeit so sehr erweiterten und so nuancenreich untergliederten, daß z. B. in einer Abhandlung wie der Patrizis über *Die Erziehung des Königs* die alles überwölbende Idee der *virtus* schließlich in eine Reihe von gut vierzig moralischen Tugenden zergliedert wird, die ein Herrscher erwerben sollte. Als nächstes unterstützten sie uneingeschränkt die Behauptung, daß für den Fürsten die rationale Handlungsweise immer die moralische ist. Sie vertraten diese Ansicht mit soviel Verve, daß es schließlich sprichwörtlich wurde zu sagen: »Ehrenhaftigkeit ist die beste Politik«. Und schließlich steuerten sie einen spezifisch christlichen Einwand gegen jede Trennung der Nützlichkeit vom Reich der Moral bei. Sie insistierten darauf, daß selbst dann, wenn es uns in diesem Leben gelingt, unsere Interessen durchzusetzen, indem wir Ungerechtigkeiten begehen, wir dennoch erwarten müssen, dieser scheinbaren Vorteile vollständig verlustig zu gehen, wenn wir im zukünftigen Leben von der gerechten Strafe Gottes heimgesucht werden.

Wenn wir die moralischen Abhandlungen von Machiavellis Zeitgenossen prüfen, finden wir diese Argumente unermüdlich wiederholt. Aber wenn wir uns dem *Fürsten* zuwenden, finden wir diesen Aspekt der humanistischen Moralität plötzlich über den Haufen geworfen. Die Umwälzung beginnt in Kap. 15, wo Machiavelli die fürstlichen Tugenden und Laster zu diskutieren beginnt und uns warnt, daß er, »obgleich viele hiervon gehandelt haben«, gerade bei der Erörterung dieses Punktes »von den Verfahren der anderen« sehr weit abweicht (F 95). Er beginnt mit einer Anspielung auf vertraute humanistische Gemeinplätze: daß es eine besondere Gruppe von fürstlichen Tugenden gebe, daß diese die Notwendigkeit einschließen, freigiebig, milde und wahrhaftig zu sein und daß alle Herrscher die Pflicht haben, diese Qualitäten zu kultivieren. Dann räumt er ein — immer noch in orthodoxer humanistischer Tonlage — daß »es höchst lobenswert wäre«, wenn ein Fürst zu allen Zeiten fähig wäre, auf solche Weise zu handeln. Aber dann verwirft er vollständig die grundlegende humanistische Annahme, daß dies die Tugenden sind, die ein Herrscher erwerben müsse, wenn er wünscht, seine höchsten Ziele zu erreichen. Diesen Glauben — Nerv und Herz der humanistischen Fürstenspiegel — sieht er als einen offensichtlichen und verhängnisvollen Fehler an. Natürlich stimmt er hinsichtlich der Natur der zu verfolgenden Ziele zu: Jeder Fürst muß suchen, seine Herrschaft zu erhalten und für sich selbst Ruhm zu erlangen. Aber er wendet ein, daß kein Herrscher all die Eigenschaften, »welche für gut gelten«, »besitzt oder immer ausübt« (F 96), wenn diese Ziele erreicht werden sollen. Die Lage, in der sich jeder Fürst findet, ist die, daß er versuchen muß, seine Interessen in einer dunklen Welt zu schützen, in der die meisten Menschen »nicht gut« sind. Daraus folgt, daß er, wenn er »immer nur das Gute tun wollte«, unter so vielen, die nicht gut sind, nicht nur nichts »Großes ausrichtet« (F 103), sondern »zugrundegehen muß« (F 95).

Machiavellis Kritik des klassischen und des zeitgenössischen Humanismus ist also zwar einfach, aber vernichtend. Er behauptet, daß ein Herrscher es *nicht* immer rational finden wird, moralisch zu sein, wenn er seine höchsten Ziele erreichen will, im Gegenteil: Er wird finden, daß jeder konsistente Versuch, all die Tugenden zu praktizieren, »die den guten Ruf der Menschen begründen«, sich als katastrophal irrationale Politik erweisen wird (F 105). Aber was ist mit dem christlichen Einwand, daß dies eine ebenso törichte wie verworfene Haltung ist, da sie den Tag des Gerichts vergißt, an dem schließlich alle Ungerechtigkeiten bestraft werden? Darüber sagt Machiavelli überhaupt nichts. Sein Schweigen ist beredt, ja epochemachend; sein Echo klingt im ganzen christlichen Europa wider, löst zuerst verblüfftes Schweigen aus und dann einen Schrei der Empörung, der seitdem nicht mehr verstummt ist.

Wenn sich Fürsten nicht dem Diktat konventioneller Moralität gemäß verhalten sollen — wie sollen sie sich verhalten? Machiavellis Antwort — der Kern seiner positiven Ratschläge an neue Fürsten — wird zu Beginn des Kap. 15 gegeben. Ein kluger Fürst wird vor allem von dem Diktat der Notwendigkeit gelenkt werden: »Ein Fürst, der sich behaupten will, muß imstande sein, nicht gut zu handeln und das Gute zu tun und zu lassen, wie es die Umstände erfordern« (F 95). Drei Kapitel später wird diese grundlegende Lehre wiederholt. Ein kluger Fürst muß »am Guten festhalten, soweit es möglich ist, aber im Notfall vor dem Schlechten nicht zurückschrecken«. Darüber hinaus muß er sich mit der Tatsache abfinden, daß er »oft genötigt ist, um seine Herrschaft zu behaupten, gegen Treue, Barmherzigkeit, Menschlichkeit und Religion zu verstoßen« (F 105).

Wie wir gesehen haben, wurde Machiavelli die entscheidende Wichtigkeit dieser Einsicht zuerst auf einer frühen Stufe seiner diplomatischen Laufbahn aufgezwungen. Im Anschluß an seine Gespräche mit dem Kardinal von Volterra im Jahre 1503 und mit Pandolfo Petrucci rund zwei Jahre später fühlte er sich zum ersten Mal gedrängt aufzuzeichnen, was später sein zentraler politischer Glaubenssatz werden sollte: daß der Schlüssel für eine erfolgreiche Staatskunst darin liege, die Macht der Umstände anzuerkennen, zu akzeptieren, was die Notwendigkeit diktiert, und das eigene Verhalten mit den Zeiten in Übereinstimmung zu bringen. Ein Jahr, nachdem ihm Pandolfo dieses Rezept für den Erfolg eines Fürsten gegeben hatte, sehen wir, wie Machiavelli zum ersten Male eine ähnliche Reihe von Beobachtungen als seine eigenen Ideen in die Diskussion wirft. Während er sich im September 1506 in Perugia aufhält, wo er den erstaunlichen Fortschritt des Feldzugs von Julius II. beobachtet, gerät er in einem Brief an seinen Freund Giovan Soderini ins Nachdenken über die Gründe für Triumph und Niederlage in zivilen und militärischen Angelegenheiten. »Die Natur«, erklärt er, »hat jedem Menschen eine besondere Begabung und Inspiration gegeben«, die »jeden von uns beherrscht«. Aber »die Zeiten sind bunt« und »häufigem Wechsel unterworfen«, sodaß »diejenigen, die es versäumen, ihre Vorgehensweise zu ändern«, zu einer Zeit einer guten *Fortuna*, ein andermal einer schlechten begegnen müssen. Die Moral ist offensichtlich. Wenn man wünscht, »sich immer einer guten *Fortuna* zu erfreuen«, muß man klug genug sein, sich den Zeiten anzupassen. Wenn jedermann auf diese Weise seine Natur beherrschte und seine Art zu handeln den Zeitläuften anpaßte, dann »würde tatsächlich wahr werden, daß der Weise Herrscher über die Sterne und die Geschicke wäre« (*Lettere*, 73).

Als Machiavelli sieben Jahre später den *Fürsten* verfaßte, schrieb er diese »Kaprizen«, wie er sie abschätzig nannte, im Kapitel über die Rolle *Fortunas* im menschlichen Leben eigentlich nur ins Reine. Jedermann, sagt er, liebt es, seiner besonderen Neigung zu folgen: »Der eine handelt bedächtig, der andere ungestüm, der eine wendet Gewalt an, der andere List«. Aber in der Zwischenzeit ändern sich Zeit und Umstände, sodaß der Herrscher, der seine Handlungsweise nicht ändert, früher oder später einen Mißerfolg erleiden muß. Freilich, »wenn er nach Zeit und Umständen sein Wesen änderte, würde sich seine *Fortuna* nicht ändern«. Infolgedessen wird immer derjenige Fürst erfolgreich sein, »welcher mit seiner Art zu handeln in die Zeit paßt« (F 135f).

Es dürfte mittlerweile deutlich geworden sein, daß die Revolution, die Machiavelli im Genre der Fürstenspiegel bewirkte, im wesentlichen auf einer Neudefinition des Kernbegriffs *virtù* beruht. Er unterstützt die konventionelle Annahme, daß *virtù* der Name jener Sammlung von Eigenschaften ist, die einen Fürsten dazu befähigen, mit *Fortuna* ein Bündnis einzugehen und Ehre, Ruhm und Prestige zu erlangen. Aber er trennt die Bedeutung dieses Begriffs von jeder notwendigen Verbindung mit den Kardinal- und Fürstentugenden. Stattdessen argumentiert er, daß das definierende Merkmal eines wahrhaft *virtuoso* Fürsten die Bereitwilligkeit ist, alles zu tun, was die Notwendigkeit verlangt — ob diese Handlung nun niederträchtig oder tugendhaft ist —, um seine höchsten Ziele zu erlangen. Auf diese Weise bezeichnet *virtù* schließlich genau die erforderliche Eigenschaft moralischer Flexibilität bei einem Fürsten: »Deshalb muß er verstehen sich zu drehen und zu wenden, nach dem Winde und den Wechselfällen der *Fortuna*« (F 105).

Machiavelli gibt sich nicht wenig Mühe, darauf hinzuweisen, daß diese Schlußfolgerung eine unüberbrückbare Kluft zwischen ihm und der gesamten Tradition humanistischen politischen Denkens aufreißt. Und er tut dies in einem Stil, der so wild ironisch ist wie nur möglich. In den Augen der klassischen Moralisten und ihrer zahllosen Nachfolger war die moralische Tugend das definierende Merkmal des *vir* gewesen, des Mannes von wahrhafter Männlichkeit. Von daher bedeutete das Aufgeben der Tugend nicht nur, irrational zu handeln, es bedeutete auch, seinen Status als Mensch aufzugeben und auf die Ebene der Tiere herabzusteigen. Wie Cicero es in Buch I von *De officiis* ausgedrückt hatte, gibt es zwei Arten, auf die Unrecht getan werden kann: entweder durch Gewalt oder durch Betrug. Beide, erklärt er, sind »tierisch« und »eines Menschen vollkommen unwürdig«, Gewalt, weil sie das Merkmal der Löwen sei, und Betrug, weil er dem »schlauen Fuchs zuzugehören scheint«.

Im Gegensatz dazu schien es Machiavelli offensichtlich, daß Menschlichkeit nicht genug ist. Tatsächlich gibt es zwei Arten zu handeln, sagt er zu Beginn von Kap. 18, von denen die erste dem Menschen, die zweite dem Tier eigentümlich sei. Aber »da die ersten (sc. die Waffen des Rechts) oft nicht ausreichen, muß man gelegentlich zu den anderen (sc. den Waffen der Gewalt) greifen« (F 104). Eins von den Dingen, die ein Fürst deshalb wissen muß, ist, welche Tiere nachzuahmen sind. Machiavellis berühmter Ratschlag lautet, daß er am besten abschneidet, wenn er sich »den Fuchs und den Löwen« aussucht, weil er hier die Ideale menschlichen Anstands durch die unentbehrlichen Künste der Gewalt und des Betrugs ergänzt (F 104). Diese Auffassung wird im nächsten Kapitel unterstrichen, in dem Machiavelli eine der von ihm am höchsten geschätzten historischen Gestalten diskutiert, den römischen Kaiser Septimius Severus. Zunächst versichert er uns, daß der Kaiser »von glänzender *virtù*« war. Und dann fügt er zur Erklärung dieses Urteils hinzu, daß Severus »keinem Löwen an Kühnheit und keinem Fuchs an Schlauheit nachstand«, weswegen er »allgemein gefürchtet und verehrt« worden sei (F 114 f).

Machiavelli rundet seine Analyse durch einige Andeutungen ab, welche Art des Verhaltens man von einem wahrhaft *virtuoso* Fürsten erwarten darf. Im Kap. 19 drückt er diesen Sachverhalt negativ aus. Er betont, daß ein solcher Herrscher niemals etwas Verachtungswürdiges tun wird und darauf bedacht sein muß, alles zu vermeiden, wodurch er sich verhaßt machen könnte (F 107). In Kap. 21 werden dann die positiven Implikationen aufgezählt. Ein solcher Fürst wird sich immer »ohne alle Bedenken« für seine Freunde und gegen seine Feinde erklären und entschieden für eine Partei eintreten. Gleichzeitig wird er versuchen, sich seinen Untertanen so majestätisch wie möglich zu präsentieren, indem er »immer Großes tut und plant, wodurch er seine Untertanen dauernd in Erwartung und Bewunderung und auf den Ausgang gespannt« erhält (F 125).

Im Lichte dieser Aufzählung ist es leicht zu verstehen, warum Machiavelli eine derartige Bewunderung für Cesare Borgia verspürte und ihn — trotz seiner offensichtlichen Grenzen — als ein Beispiel für *virtù* anderen neuen Fürsten vorhalten wollte. Denn Borgia hatte bei einer erschreckenden Gelegenheit bewiesen, daß er perfekt verstanden hatte, von welch überragender Bedeutung es war, den Haß des Volkes zu vermeiden und es gleichzeitig mit Bestürzung zu erfüllen. Das war die Gelegenheit, als er erkannte, daß seine Herrschaft in der Romagna in den fähigen, aber tyrannischen Händen von Rimirro de Orco in die allerernsteste Gefahr überhaupt geraten war, nämlich

Gegenstand des Hasses seiner Untertanen zu werden. Wie wir gesehen haben, war Machiavelli Augenzeuge von Borgias kaltblütiger Lösung des Dilemmas: der unverzüglichen Ermordung Rimirros und der öffentlichen Zurschaustellung seines Leichnams auf dem Marktplatz als Opfer an die Wut des Volkes.

Machiavellis Glaube an die zwingende Notwendigkeit, den Haß und die Verachtung des Volkes zu vermeiden, sollte vielleicht auf dieses Ereignis datiert werden. Aber selbst, wenn diese Tat des Herzogs nur dazu gedient hätte, seinen eigenen Sinn für politische Realitäten zu bestärken, so kann kein Zweifel sein, daß diese Episode bei ihm einen tiefen Eindruck hinterließ. An der Stelle im *Fürsten*, wo er die Themen Haß und Verachtung bespricht, ist es genau dieses Ereignis, an das er erinnert, um diesen Punkt zu illustrieren. Er macht klar, daß Borgias Tat ihm bei näherem Nachdenken als zutiefst richtig erschien. Sie war resolut, sie war mutig; und sie brachte genau die beabsichtigte Wirkung hervor, da sie bei der Bevölkerung »zugleich Genugtuung und Bestürzung« erregte (F 62), während sie zugleich die Ursache des Hasses beseitigte. Zusammenfassend bemerkt Machiavelli in eisigem Ton, daß ihm das Verhalten des Herzogs, wie üblich, »Beachtung und Nachahmung durch andere« zu verdienen scheine (F 61).

Die neue Moralität

Machiavelli ist sich völlig darüber im klaren, daß seine neue Analyse fürstlicher *virtù* einige neue Schwierigkeiten mit sich bringt. Er stellt das Hauptdilemma im Verlaufe des

Kap. 15 dar: einerseits muß ein Fürst »imstande sein, nicht gut zu handeln« und sich dieser Fähigkeit bedienen, wann immer dies von der Notwendigkeit diktiert wird; aber auf der anderen Seite muß er dafür Sorge tragen, nicht in den Ruf derjenigen Laster zu geraten, »die ihm die Herrschaft rauben könnten« statt sie ihm zu sichern (F 96). Das Problem besteht also darin, den Anschein des Lasters zu vermeiden, selbst wenn man nicht umhin kann, sich lasterhaft zu verhalten.

Obendrein ist das Dilemma sogar noch schärfer als eben angedeutet, denn das wahre Ziel des Fürsten besteht ja nicht lediglich darin, seine Herrschaft zu sichern, sondern natürlich ebenso darin, Ehre und Ruhm zu gewinnen. Wie Machiavelli andeutet, als er die Geschichte von Agathokles, dem Tyrannen von Sizilien, erzählt, intensiviert das noch erheblich die Schwierigkeiten, in denen sich jeder neue Herrscher findet. Agathokles, so hören wir, »führte von Kindheit an ein verbrecherisches Leben« (F 66) und war als ein Mann von »barbarischer Grausamkeit und Unmenschlichkeit« (F 67) bekannt. Diese Attribute verschafften ihm immensen Erfolg, da sie ihn befähigten, »aus niedrigem und verachtetem Stande zum König von Syrakus« emporzusteigen und an seiner Herrschaft »ohne irgendwelche inneren Unruhen festzuhalten« (F 67). Aber wie uns Machiavelli mit einer äußerst aufschlußreichen Bemerkung warnt, kann man mit solchen schamlosen Grausamkeiten »wohl Macht erlangen, aber keinen Ruhm«. Obgleich Agathokles imstande war, seine Herrschaft dank dieser Eigenschaften zu bewahren, kann man sie »nicht *virtù* nennen, und sie gestatten nicht, ihn als hervorragenden Menschen zu preisen« (F 67 f).

Schließlich weigert sich Machiavelli zuzugestehen, daß

das Dilemma dadurch gelöst werden kann, daß man der fürstlichen Bosheit feste Grenzen setzt und der Fürst sich im allgemeinen gegenüber Untertanen und Verbündeten ehrenwert verhält. Gerade dies kann man nicht erwarten, weil sich von den Menschen im allgemeinen so viel sagen läßt, »daß sie undankbar, wankelmütig und heuchlerisch sind, voll Angst vor Gefahr, voll Gier nach Gewinn«, »sodaß ein Fürst, der sich ganz auf ihre Versprechungen verlassen und keinerlei anderweitige Vorkehrungen getroffen hat«, verloren ist (F 101). Die Folge ist, daß »ein Fürst, zumal ein neuer« (F 105), oft — und nicht nur gelegentlich — genötigt ist, gegen die Menschlichkeit zu verstoßen, wenn er seine Herrschaft behaupten und vermeiden will, selbst der Betrogene zu sein.

Dies sind akute Schwierigkeiten, aber sie können zweifellos überwunden werden. Der Fürst muß sich nur vor Augen halten, daß es zwar nicht nötig ist, alle die Eigenschaften zu besitzen, die gewöhnlich als gut angesehen werden, es aber sehr nötig ist, »daß er sie zu besitzen scheint« (F 105). Es ist gut, für freigiebig gehalten zu werden; es ist vernünftig, als milde und nicht als grausam zu gelten; es ist wesentlich, im allgemeinen »geachtet« zu sein (F 98, 100, 107). Die Lösung besteht also darin, ein Meister in »Heuchelei und Verstellung« zu sein, es zu verstehen, »durch List die Menschen zu umgarnen« und sie dazu zu bringen, an die Heuchelei zu glauben (F 105).

Machiavelli hatte frühzeitig eine Lektion über den Wert der Betrügerei erhalten. Wie wir gesehen haben, war er zugegen gewesen, als sich in den letzten Monaten des Jahres 1503 der Kampf zwischen Cesare Borgia und Julius II. entwickelte; und es ist deutlich, daß die Eindrücke, die er bei dieser Gelegenheit empfing, ihm immer noch ganz klar vor

Augen standen, als er sich daran machte, über die Frage der Heuchelei im *Fürsten* zu schreiben. Er bezieht sich unmittelbar auf die Episode, deren Zeuge er gewesen war, und benutzt sie als sein Hauptbeispiel für die Notwendigkeit, ständig auf der Hut gegen fürstliche Doppelzüngigkeit zu sein. Julius, so ruft er in Erinnerung, brachte es fertig, seinen Haß auf Borgia so klug zu verbergen, daß er den Herzog in den ungeheuren Irrtum verfallen ließ zu glauben, daß »die Großen über frische Wohltaten alte Kränkungen vergessen« (F 65). Daraufhin war er in der Lage, von seinen Fähigkeiten zur Verstellung entschlossen Gebrauch zu machen. Nachdem er die Wahl zum Papst mit Borgias voller Unterstützung gewonnen hatte, zeigte er plötzlich seine wahren Gefühle, wandte sich gegen den Herzog und verursachte »seinen schließlichen Untergang« (F 65). Borgia beging in dieser Frage zweifellos einen Fehler, und Machiavelli ist überzeugt, daß er für diesen Fehler streng getadelt zu werden verdient. Er hätte wissen müssen, daß die Fähigkeit, die Menschen mit List zu umgarnen, Teil des Waffenarsenals jedes erfolgreichen Fürsten ist (F 65).

Machiavelli kann freilich nicht verborgen geblieben sein, daß er in Gefahr war, allzu oberflächlich zu klingen, wenn er die Künste der Täuschung als Schlüssel zum Erfolg empfahl. Orthodoxere Moralisten hatten schon immer den Vorschlag erwogen, Heuchelei als Abkürzung auf dem Weg zum Ruhm zu benutzen, waren aber immer zu dem Ergebnis gelangt, jede solche Möglichkeit auszuschließen. Cicero z.B. hatte im Buch II von *De officiis* explizit diese Vorstellung erwogen, nur um sie schließlich als eine manifeste Absurdität fallen zu lassen. Jeder, erklärt er, der »glaubt, daß wir dauernden Ruhm durch Heuchelei gewinnen können«, ist »im Irrtum«. Der Grund ist, »daß wahrer Ruhm tiefe Wurzeln hat und seine Zweige weit streckt«, wohingegen »aller erheuchelte Ruhm bald zu Boden fällt wie eine verwelkte Blüte«.

Machiavelli antwortet wie vorher, indem er solche ernsthaften Gefühle in seinem ironischsten Stil verwirft. Er besteht im Kap. 18 darauf, daß die Praxis der Verstellung für eine Fürstenherrschaft nicht nur unverzichtbar ist, sondern ohne allzu große Schwierigkeiten aufrechterhalten werden kann, solange man es für nötig erachtet. Zwei verschiedene Gründe werden für diese bewußt provokative Schlußfolgerung angeführt. Der eine ist, daß die meisten Menschen so einfältig und vor allem so sehr dem Selbstbetrug geneigt sind, daß sie gewöhnlich auf völlig unkritische Weise nach dem Augenschein urteilen (F 105). Der zweite ist, daß dann, wenn es um die Bewertung des Verhaltens von Fürsten geht, selbst die gescheitesten Beobachter weitgehend dazu verurteilt sind, nach dem äußeren Anschein zu urteilen. Isoliert von der Bevölkerung, geschützt durch »die Majestät des Staates«, ist die Stellung eines Fürsten derart, daß jedermann sieht, was der Fürst zu sein scheint, aber »nur wenige mit Händen greifen können, was er ist« (F 106). Es gibt also keinen Grund anzunehmen, daß deine Sünden dich überführen, im Gegenteil, ein Fürst, »der betrügt«, wird »stets einen finden, der sich betrügen läßt« (F 105).

Der letzte Punkt, den Machiavelli diskutiert, ist die Frage, welche Haltung wir den neuen Regeln gegenüber einnehmen sollten, die er einzuschärfen versucht hat. Auf den ersten Blick scheint er eine relativ konventionelle moralische Haltung einzunehmen. In Kap. 15 gibt er zu, daß es »höchst lobenswert wäre«, wenn neue Fürsten die

Eigenschaften aufwiesen, welche für gut gelten, und er setzt den Verzicht auf fürstliche Tugenden dem Prozeß gleich, in dem gelernt wird, »nicht gut zu handeln« (F 95). Dieselbe Stufenleiter von Werten wiederholt sich selbst in dem berüchtigten 18. Kapitel unter dem Titel »Inwieweit die Fürsten ihr Wort halten sollen«. Machiavelli beginnt mit der Versicherung, daß jeder erkenne, wie ruhmreich es für einen Fürsten ist, »die Treue zu halten und redlich, ohne Falsch zu leben« (F 103), und insistiert im weiteren darauf, daß ein Fürst nicht nur im konventionellen Sinn tugendhaft scheinen, sondern es wirklich so weit wie möglich sein sollte; daß er am Guten festhalten muß, »soweit es möglich ist«, aber im Notfall vor dem Schlechten nicht zurückschrecken darf (F 104f).

Es werden freilich im Verlaufe des 15. Kapitels zwei sehr verschiedene Argumente angeführt, von denen jedes im folgenden entwickelt wird. Zunächst fragt Machiavelli etwas spöttisch, ob wir eigentlich sagen können, daß diejenigen Eigenschaften, die als gut gelten, nichtsdestoweniger aber den Untergang des Fürsten herbeiführen würden, wirklich den Namen Tugenden verdienen. Da sie geeignet sind, den Untergang mit sich zu bringen, zieht er vor zu sagen, daß sie »für Tugenden gelten«; und da die ihnen entgegengesetzten Eigenschaften eher geeignet sind, »Sicherheit und Wohlfahrt« zu befördern, zieht er vor zu sagen, daß sie »für Laster gelten« (F 96).

Diese Andeutungen werden in den beiden nachfolgenden Kapiteln weiter verfolgt. Kap. 16 »Von der Freigebigkeit und Knauserei« nimmt ein Thema auf, das von allen klassischen Moralisten behandelt worden war, und stellt es auf den Kopf. Als Cicero die Tugend der Freigebigkeit in *De officiis* diskutiert, definiert er sie als das Bestreben,

»jeden Anschein des Geizes« zu vermeiden, und verbindet damit die Beobachtung, daß kein Laster bei einem Herrscher als anstößiger gelte als Sparsamkeit und Geiz. Machiavelli antwortet, daß, wenn man Freigebigkeit so versteht, es nicht die Bezeichnung für eine Tugend, sondern für ein Laster sei. Er argumentiert, daß ein Herrscher, der dem Vorwurf der Knauserei entgehen will, »keine Art der Prachtentfaltung unterlassen darf«. Infolgedessen wird er schließlich genötigt sein, »die Bevölkerung durch außergewöhnliche Lasten zu drücken« und sie für seine Großzügigkeit bezahlen zu lassen, eine Politik, durch die er sich »den Haß seiner Untertanen zuziehen« wird. Umgekehrt, wenn er von Anfang an darauf verzichtet, solche Verschwendung zu treiben, wird er vielleicht anfangs knauserig genannt werden, aber »im Laufe der Zeit wird er immer mehr in den Ruf der Freigebigkeit geraten« und die wahre Tugend der Freigebigkeit tatsächlich praktizieren (F 97).

Ein ähnliches Paradox erscheint im nächsten Kapitel »Von der Grausamkeit und Milde«. Auch dies war ein beliebtes Thema bei den römischen Moralisten gewesen. Senecas Traktat *De clementia* war die berühmteste Behandlung dieses Themas. Nach Seneca wird ein Fürst, der milde ist, immer zeigen, wie sehr es ihm zuwider ist, zum Mittel einer Bestrafung zu greifen; er wird nur dann seine Zuflucht dazu nehmen, wenn »großes und wiederholtes Unrecht seine Geduld erschöpft hat«; und er wird sie nur »nach großem Widerstreben« und nach langem Hinauszögern verhängen wie auch mit der größtmöglichen Milde. Angesichts dieser Lehrmeinung insistiert Machiavelli noch einmal darauf, daß sie ein völliges Mißverstehen der besagten Tugenden zeige. Wenn man anfangs versucht, milde zu sein, so daß die Mißstände so weit einreißen, bis »Mord und Raub daraus entstehen«, und erst dann mit der Bestrafung beginnt, dann wird ein solches Verhalten viel weniger milde sein als das eines Fürsten, der den Mut hat, gleich zu Anfang »einige wenige Beispiele der Grausamkeit zu geben«. Machiavelli zitiert das Beispiel der Florentiner, die bei einer bestimmten Gelegenheit dem Vorwurf der Grausamkeit entgehen wollten und in der Folge so handelten, daß die Zerstörung einer ganzen Stadt das Ergebnis war — ein Ergebnis, das weit grausamer war als jede Grausamkeit, die sie bewußt hätten planen können. Dem wird das Verhalten von Cesare Borgia gegenübergestellt, der »für grausam galt«, jedoch »diese seine wohlbekannte Grausamkeit« so gut anwendete, daß er der Romagna »Ordnung und Eintracht wiedergegeben und sie zum Frieden und zur Ergebenheit gebracht« hat (F 100); all diese wohltätigen Ergebnisse habe er mit Hilfe seiner angeblichen Lasterhaftigkeit erreicht.

Dies führt Machiavelli zu einer eng damit verbundenen Frage, die er — mit einer ähnlichen Pose gewollter Paradoxie — später im selben Kapitel stellt: »Ob es besser sei, geliebt zu werden als gefürchtet oder umgekehrt?« (F 101). Wiederum war die klassische Antwort von Cicero in *De officiis* gegeben worden: »Furcht ist nur eine armselige Garantie für dauernde Macht«, während Liebe »dafür gelten kann, sie für immer zu gewährleisten«. Und wiederum bringt Machiavelli seine völlige Ablehnung zum Ausdruck. Es ist für einen Fürsten »weit sicherer, gefürchtet zu sein als geliebt«. Der Grund ist, daß viele von den Eigenschaften, die einen Fürsten beliebt machen, auch die Gefahr beinhalten, ihm Verachtung einzubringen. Wenn die Untertanen »keine Angst vor Strafe« haben, werden sie jede Gelegenheit wahrnehmen, dich um ihres eigenen Vorteils willen zu betrügen. Sorgst du jedoch dafür, daß du gefürchtet bist, werden sie zögern, dich zu beleidigen oder zu verletzen, so daß du es infolgedessen viel einfacher finden wirst, deine Herrschaft zu bewahren (F 101).

Der andere Argumentationsstrang in diesen Kapiteln spiegelt eine noch entschiedenere Zurückweisung konventioneller humanistischer Moralität. Machiavelli empfiehlt, daß selbst dann, wenn die gewöhnlich als gut angesehenen Eigenschaften tatsächlich Tugenden sind — so daß ein Herrscher, der sich über sie hinwegsetzt, unzweifelhaft dem Laster verfällt —, er sich über solche Laster gleichwohl keine Gedanken machen sollte, soweit er sie entweder für nützlich oder für irrelevant hinsichtlich der Aufrechterhaltung seiner Herrschaft hält (F 96).

Machiavellis Hauptsorge bei dieser Frage ist, neue Herrscher an ihre entscheidende Pflicht zu erinnern. Ein kluger Fürst darf sich nicht scheuen, »in den Ruf solcher Laster zu geraten, die er zur Behauptung seiner Herrschaft nicht leicht entbehren kann«; er wird begreifen, daß solche Vorwürfe nur unvermeidliche Kosten sind, die er bei der Erfüllung seiner grundlegenden Verpflichtung zu zahlen hat, nämlich seine Stellung zu bewahren (F 96). Die Folgen werden zuerst in Bezug auf das angebliche Laster der Knauserigkeit entwickelt. Sobald ein kluger Fürst erst einmal erkannt hat, daß Geiz eine Untugend ist, die seine Herrschaft stützt, darf er »es sich nicht anfechten lassen, wenn er in den Ruf der Knauserei kommt« (F 98). Dasselbe gilt im Falle der Grausamkeit. Die Bereitschaft, gegebenenfalls mit exemplarischer Strenge vorzugehen, ist von entscheidender Bedeutung für die Aufrechterhaltung der Ordnung in zivilen wie in militärischen Angelegenheiten. Das bedeutet, daß ein kluger Fürst »sich nicht anfechten lassen darf, grausam gescholten zu werden« (F 100); ist aber der Fürst zugleich Feldherr, »dann darf er erst recht den Ruf der Grausamkeit nicht scheuen«: denn ohne einen solchen Ruf hat noch nie jemand »ein Heer einig und schlagfertig« erhalten (F 102).

Zum Schluß erwägt Machiavelli, ob es für einen Herrscher wichtig ist, die geringeren Laster und Sünden des Fleisches zu meiden, wenn er seine Herrschaft behaupten will. Die Verfasser von Fürstenspiegeln haben diese Frage im allgemeinen in einem streng moralischen Ton abgehandelt, wobei sie wiederholten, worauf Cicero in Buch I von *De officiis* beharrt: daß Anstand »für die *honestas* wesentlich« sei, und daß demgemäß alle Personen, die ein Amt innehaben, jede moralische Entgleisung in ihrem persönlichen Leben vermeiden müssen. Im Gegensatz dazu antwortet Machiavelli mit einem Schulterzucken. Ein kluger Fürst hütet sich vor derartigen Lastern, »sofern er es vermag. Vermag er es aber nicht, so darf er sich ihnen unbedenklich hingeben«, ohne sich über derartige gewöhnliche Empfindlichkeiten zu beunruhigen (F 96).

III. Der Philosoph der Freiheit

Mit der Fertigstellung des *Fürsten* belebten sich Machiavellis Hoffnungen von neuem, zu einer aktiven öffentlichen Laufbahn zurückzukehren. Wie er im Dezember 1513 an Vettori schrieb, war es immer noch sein höchster Wunsch, »daß mich die Herren Medici zu verwenden begännen, sollten sie mich anfangs auch einen Fels wälzen lassen«. Er fragte sich, ob nicht die wirkungsvollste Art, seinen Ehrgeiz zu verwirklichen, darin bestehen könnte, mit diesem »meinem Werkchen« nach Rom zu gehen, um es Giuliano de' Medici persönlich zu überreichen und ihm dadurch zu zeigen, daß es für ihn von Vorteil wäre, sich »eines solchen zu bedienen, der auf fremde Kosten reich an Erfahrung ist« (V 404 ff).

Zunächst schien Vettori bereit, diesen Plan zu unterstützen. Er antwortete, Machiavelli möge ihm das Buch zusenden, damit er sehen könne, »ob es schicklich sei, es zu präsentieren« (*Lettere*, 312). Als Machiavelli pflichtschuldigst die hübsche Abschrift, die er von den einleitenden Kapiteln anzufertigen begonnen hatte, geschickt hatte, ließ Vettori ihn wissen, daß er »äußerst erfreut« darüber sei, obgleich er vorsichtig hinzufügte: »Da ich das Übrige des Werkes nicht habe, möchte ich kein endgültiges Urteil abgeben« (319).

Es wurde freilich bald klar, daß sich Machiavellis Hoffnungen wieder einmal zerschlagen sollten. Nachdem er früh im Jahre 1514 den gesamten *Fürsten* zu lesen bekommen hatte, antwortete Vettori mit ominösem Stillschweigen. Er erwähnte das Werk niemals wieder und begann stattdessen, seine Briefe mit ablenkendem Geschwätz über seine jüngsten Liebesaffären zu füllen. Obgleich sich Machiavelli zwang, in ähnlichem Geiste zu antworten, war er kaum imstande, seine wachsende Unruhe zu verbergen. Gegen die Mitte des Jahres begann er allmählich zu erkennen, daß die Lage hoffnungslos war, und er schrieb mit großer Verbitterung an Vettori, um ihm mitzuteilen, daß er den Kampf aufgebe. »So werde ich also in meinem Elend bleiben«, erklärte er, »ohne daß sich ein Menschenkind meiner Ergebenheit erinnert oder meint, ich könne zu irgendetwas gut sein« (V 434).

Nach dieser Enttäuschung machte Machiavellis Leben eine bleibende Veränderung durch. Da er jede weitere Hoffnung auf eine diplomatische Laufbahn fallengelassen hatte, begann er sich selbst zunehmend als Literat zu sehen. Das deutlichste Zeichen dieser neuen Orientierung war, daß er nach einem guten weiteren Jahr, das er »in Muße auf dem Land vertrödelt« hatte, damit begann, eine prominente Rolle bei den Treffen zu spielen, die von einer Gruppe von Humanisten und *literati* abgehalten wurden, die sich regelmäßig in Cosimo Rucellais Garten am Rande von Florenz zum Zwecke gelehrter Konversation und Unterhaltung trafen.

Diese Diskussionen in den *Orti Oricellari* hatten zum Teil literarischen Charakter. Es gab Debatten über die rivalisierenden Verdienste des Lateinischen und Italienischen als Literatursprachen, und es gab Vorlesungen und selbst Vorführungen von Theaterstücken. Die Wirkung auf Machiavelli war, daß seine schöpferischen Energien in eine ganz neue Richtung gelenkt wurden: er entschloß sich, selbst ein Theaterstück zu schreiben. Das Ergebnis war *Mandragola*, eine brilliante, wenn auch ziemlich brutale Komödie über die Verführung der schönen jungen Frau eines alten Richters. Die ursprüngliche Fassung wurde wahrscheinlich im Jahre 1518 fertiggestellt und ist möglicherweise Machiavellis Freunden in den *Orti* vorgelesen worden, bevor sie im Verlauf der nächsten zwei Jahre zum ersten Mal öffentlich in Florenz und Rom aufgeführt wurde.

Es ist jedoch offensichtlich, daß die intensivsten Debatten in den *Orti* sich mit Politik befaßten. Wie sich einer der Teilnehmer, Antonio Brucioli, später in seinen *Dialogen* erinnerte, diskutierten sie fortwährend das Schicksal republikanischer Regierungen: wie sie sich zur Größe erheben, wie sie ihre Freiheiten bewahren, wie sie niedergehen und in Verderbnis verfallen, wie sie endlich am unentrinnbaren Punkt des Zusammenbruchs anlangen. Übrigens drückte sich ihr Interesse an bürgerlicher Freiheit keineswegs nur in Worten aus. Einige Mitglieder der Gruppe wurden zu so leidenschaftlichen Gegnern der wiedererrichteten Mediceischen »Tyrannei«, daß sie sich in eine erfolglose Verschwörung hineinziehen ließen, Kardinal Giulio de' Medici im Jahr 1522 zu ermorden. Einer von denen, die nach dem Scheitern der Verschwörung hingerichtet wurden, war Jacopo da Diaccetto; unter denen, die verbannt wurden, waren Zanobi Buondelmonti, Luigi Alamanni und Brucioli selbst. Alle waren prominente Mitglieder des *Orti Oricellari*-Kreises gewesen — deren Treffen ein abruptes Ende fanden, nachdem der versuchte *coup* fehlgeschlagen war.

Machiavelli war niemals ein so vehementer Parteigänger republikanischer Freiheit, daß er sich geneigt fühlte, sich irgendeiner der verschiedenen Verschwörungen gegen die Medici anzuschließen. Aber es ist klar, daß er von seinen Kontakten mit Cosimo Rucellai und seinen Freunden tief beeinflußt wurde. Ein Ergebnis seiner Teilnahme an ihren Diskussionen war seine Abhandlung *Über die Kriegskunst*, die im Jahre 1521 erschien. Diese ist sogar in die Form einer Unterredung in den *Orti Oricellari* gekleidet, in der Rucellai das Thema vorschlägt, während Buondelmonti und Alamanni als Hauptgesprächspartner auftreten. Aber das wichtigste Produkt dieser Beziehung Machiavellis zu den republikanischen Sympathisanten war sein Entschluß, seine *Discorsi* über die ersten zehn Bücher von Livius' *Römischer Geschichte* zu schreiben, sein längstes und in mancher Hinsicht originellstes Werk der politischen Philosophie.

Machiavelli hatte sich natürlich mindestens seit dem Sommer 1513 mit dem Studium der Alten Geschichte (einschließlich Livius) beschäftigt. In seiner Widmung der *Discorsi* rühmt er sich seiner »ständigen Lektüre« der besten klassischen Autoritäten. Es kann jedoch kein Zweifel darüber bestehen, daß der Ansporn, seine Ideen auszuarbeiten — in der typisch humanistischen Form eines Kommentars zu einem antiken Text —, von seiner Verbindung zu der *Orti Oricellari*-Gruppe herrührte. Die *Discorsi* sind Rucellai, der ihre Treffen initiiert hatte, sowie Buondelmonti, einem der Verschwörer von 1522, gewidmet. Obendrein spielt die Widmung Machiavellis nicht nur auf ihre Diskussionen an und drückt seine »Dankbarkeit für empfangene Wohltaten« aus, sondern schreibt seinen Freunden auch das Verdienst daran zu, daß »Ihr mich genötigt habt, etwas zu schreiben, was ich nie aus freien Stücken geschrieben hätte« (D 1).

Die Mittel zur Größe

Obwohl Machiavelli sich in seinen drei Diskursen über einen weiten Bereich von Themen aus zivilen und militärischen Angelegenheiten der römischen Republik äußert, gibt es einen Punkt, der ihn vor allen anderen beschäftigt, als er sich daran macht, die frühe Geschichte Roms zu erforschen. Er erwähnt das Thema zum ersten Mal in dem Einleitungsparagraphen des ersten Diskurses, und es liegt dem größten Teil des übrigen Buches zugrunde. Sein Ziel, sagt er, sei zu entdecken, wie es möglich war, »daß sich mehrere Jahrhunderte lang eine außerordentliche Tüchtigkeit in dieser Stadt erhalten hat und daß sich aus diesem Gemeinwesen später ein Weltreich entwickelt hat« (D 7).

Es gibt offensichtliche Verbindungen zwischen diesem Thema und dem des *Fürsten*. Zwar ist es wahr, daß Machiavelli im *Fürsten* von Anfang an Republiken aus der Betrachtung ausschließt, wohingegen sie ihm in den *Discorsi* sein Hauptanschauungsmaterial bieten. Es wäre freilich ein Fehler, daraus zu schließen, daß sich die *Discorsi* ausschließlich mit Republiken im Gegensatz zu Fürstentümern befaßten. Wie Machiavelli in Kap. 2 betont, gilt sein Interesse nicht Republiken als solchen, sondern eher den Regierungen von Städten, seien sie nun als »Republiken oder Monarchien« eingerichtet (D 11). Außerdem gibt es enge Parallelen zwischen Machiavellis Wunsch im *Fürsten*, Herrschern Ratschläge zu geben hinsichtlich der Wege, Ruhm durch große Taten zu erlangen, und seinem Bestreben in den *Discorsi*, zu erklären, warum bestimmte Städte »große Entwicklungen nehmen«, und warum die Stadt Rom im besonderen es geschafft hat, »große Erfolge zu erzielen« (D 24) und »ungeheure Macht« zu erlangen (D 184).

Worin bestanden also die notwendigen Methoden, »einen Staat groß zu machen« (D 175) im Falle Roms? Für Machiavelli ist dies eine praktische Frage, da er die vertraute humanistische Behauptung unterstützt, daß jeder, der sich »mit der gegenwärtigen und antiken Geschichte beschäftigt«, leicht erkennt, »daß alle Städte und alle Völker von jeher die gleichen Wünsche und die gleichen Launen hatten«. Dies bedeutet: »Untersucht man also sorgfältig die Vergangenheit, so ist es ein leichtes, in jedem Staat die Zukunft vorherzusehen und die gleichen Mittel anzuwenden, die auch von den Alten angewandt wurden, oder bei ähnlichen Ereignissen neue auszudenken, wenn bereits erprobte Mittel nicht zur Hand sind« (D 107). Die erfrischende Hoffnung, die den gesamten *Discorsi* zugrundeliegt und sie belebt, ist also die, daß, wenn wir die Ursache von Roms Erfolg herausfinden, wir imstande sein könnten, ihn zu wiederholen.

Ein Studium der klassischen Geschichte zeigt nach Machiavelli, daß der Schlüssel zum Verständnis von Roms Erfolg in einem einzigen Satz zusammengefaßt werden kann: »Die Erfahrung zeigt, daß Staaten immer nur an Gebiet und Reichtum zugenommen haben, solange sie in Freiheit lebten« (D 169). Die antike Welt bietet zwei besonders eindrucksvolle Illustrationen dieser allgemeinen Wahrheit. Erstens: »Es ist in der Tat wunderbar zu sehen, zu welcher Größe Athen in einem Zeitraum von hundert Jahren gelangte, nachdem es sich von der Tyrannis des Peisistratos befreit hatte. Aber das allerwunderbarste ist es zu sehen, zu welcher Größe Rom gelangte, nachdem es sich von seinen Königen befreit hatte« (D 169). Dagegen: »Das Gegenteil von all dem tritt in denjenigen Ländern ein, die in Knechtschaft leben« (D 173). Denn »sobald also auf ein

Leben in Freiheit eine Tyrannenherrschaft folgt«, ist das geringste Übel, das daraus resultiert, »daß solche Staaten nicht mehr vorankommen und weder an Macht noch an Reichtum zunehmen; in den meisten Fällen, ja immer, geht es dort abwärts« (D 169).

Was Machiavelli vor allem vorschwebt, wenn er ein derartiges Gewicht auf die Freiheit legt, ist, daß eine Stadt, die nach Größe strebt, von allen Formen politischer Knechtschaft frei bleiben muß, ob sie nun »intern« durch eine Tyrannenherrschaft oder »extern« durch eine souveräne Macht auferlegt ist (D 13, 57). Das wiederum bedeutet: Von einem Staat zu sagen, daß er seine Freiheit besitze, heißt nichts anderes, als daß er sich von jeder Autorität unabhängig hält außer der der Gemeinschaft selbst. Freiheit ist aus diesem Grund gleichbedeutend mit Selbst-Regierung. Machiavelli macht dies klar in Kap. 2 seines ersten Diskurses, wo er sagt: »Ich will nicht Staaten, die von ihrem Anfang an einer anderen Macht unterworfen waren, in meine Überlegungen einbeziehen«; vielmehr wolle er sich auf solche Staaten konzentrieren, die »von Anfang an frei von jeder äußeren Abhängigkeit waren«, d.h. auf diejenigen, »die sich nach eigenem Gutdünken eingerichtet haben« (D 11). Dieselbe Auffassung wird etwas später im Kapitel wiederholt, wo Machiavelli zuerst die Gesetze Solons dafür lobt, daß er eine »Volksherrschaft« eingeführt habe, und dann diese Einrichtung mit der, »in Freiheit« zu leben, gleichsetzt (D 15).

Die erste allgemeine Schlußfolgerung der *Discorsi* ist also, »daß Staaten, in denen das Volk regiert, in kürzester Zeit außerordentliche und viel größere Fortschritte machen als solche, die immer unter einem Alleinherrscher gelebt haben« (D 152). Das führt Machiavelli nicht dazu, das Interesse an Fürstentümern zu verlieren, denn er ist gelegentlich (obgleich nicht konsistent) bereit zu glauben, daß die Bewahrung der Herrschaft des Volkes vereinbar sein könnte mit einer monarchischen Regierungsform (vgl. D 278). Aber ganz gewiß führt es ihn dazu, republikanische Regimes fürstlichen merklich vorzuziehen. Er legt seine Gründe höchst emphatisch zu Beginn des zweiten Diskurses dar: »Nicht das Wohl des Einzelnen, sondern das Gemeinwohl ist es, was die Größe des Staates ausmacht«; und »ohne Zweifel wird das Gemeinwohl nur in Republiken beachtet«. Unter einem Fürsten tritt »das Gegenteil« ein; denn »meistens schadet dem Staat, was ihm (sc. dem Fürsten) nützt, und was dem Staat nützt, schadet ihm«. Das erklärt, warum Staaten unter einer monarchischen Regierung selten »vorankommen«, wogegen »alle Städte und Länder, die in innerer und äußerer Freiheit leben«, immer »die größten Fortschritte machen« (D 169, 173).

Wenn Freiheit der Schlüssel zur Größe ist, wie soll Freiheit selbst erworben und bewahrt werden? Machiavelli gibt gleich anfangs zu, daß ein Element an guter *Fortuna* immer beteiligt ist. Es ist wesentlich, daß eine Stadt »von Anfang an frei von jeder äußeren Abhängigkeit« (D 11) ist, wenn sie irgendeine Aussicht darauf haben soll, jemals bürgerlichen Ruhm zu erlangen. Staaten, die das Unglück haben, ihr Leben in Knechtschaft zu beginnen, finden es im allgemeinen »nicht nur schwer, sondern unmöglich«, »gute Gesetze zur Erhaltung ihrer Freiheit« und zur Erlangung von Ruhm zu finden (D 129).

Wie im *Fürsten* behandelt es Machiavelli freilich als Kardinalirrtum anzunehmen, daß die Erlangung von Größe vollständig von den Launen *Fortunas* abhinge. Er räumt ein, daß nach einigen »sehr ernstzunehmenden«

Autoren — einschließlich Plutarch und Livius — Roms Erhebung zum Ruhm sich beinahe vollständig der *Fortuna* verdankte. Aber er erwidert, daß er »dieser Meinung in keiner Weise beipflichten« könne (D 164). Er gibt zu, daß die Römer viele Segnungen *Fortunas* genossen haben, wie sie auch aus vielen Rückschlägen ihren Nutzen zogen, die ihnen die Göttin sandte, »um Rom zu erhöhen und zu seiner Größe zu führen« (D 260). Aber er besteht darauf — was wiederum an den *Fürsten* anklingt —, daß die Vollendung großer Taten niemals nur das Ergebnis der *Fortuna* ist; sie ist immer das Produkt von *Fortuna* zusammen mit der unerläßlichen Eigenschaft der *virtù*, jener Eigenschaft, die uns in den Stand setzt, unser Mißgeschick mit Gleichmut zu ertragen und zur gleichen Zeit die wohlwollende Aufmerksamkeit der Göttin auf uns zieht. Wenn wir verstehen wollen, so schließt er, was die »beherrschende Stellung«, zu der sich die Römische Republik erhob, möglich machte, so müssen wir erkennen, daß die Antwort in der Tatsache liegt, daß Rom »soviel *virtù*« besaß und es fertigbrachte sicherzustellen, daß diese entscheidende Eigenschaft in der Stadt »jahrhundertelang« erhalten blieb (D 11). Daß sich die Römer ihre ursprüngliche Freiheit bewahrten und sich letztlich zur Weltherrschaft erhoben, war gerade aus dem Grunde möglich, weil sie »mit der *Fortuna* einzigartige *virtù* und größte Klugheit« verbanden (D 166).

Bei der Analyse des entscheidenden Begriffs *virtù* hält sich Machiavelli genau an die aus dem *Fürsten* bekannten Grundsätze. Er wendet den Terminus zwar in einer Weise an, die den Eindruck vermittelt, als sei zu seiner früheren Analyse noch ein wichtiges Element hinzugekommen. Im *Fürsten* hatte er diese Eigenschaft ausschließlich den bedeutendsten politischen Herrschern und militärischen

Befehlshabern zuerkannt; in den *Discorsi* besteht er explizit darauf, daß es wesentlich ist, daß diese Eigenschaft vom politischen Gemeinwesen insgesamt besessen werden muß, wenn ein Staat groß werden soll (D 371). Sobald er freilich definiert, was er mit *virtù* meint, wiederholt er weitgehend seine früheren Argumente und nimmt die erschreckenden Schlußfolgerungen, zu denen er schon früher gekommen war, ganz kühl als gegeben an.

Dementsprechend wird der Besitz von *virtù* als Bereitschaft dargestellt, alles zu tun, was zur Erlangung von bürgerlichem Ruhm und bürgerlicher Größe notwendig ist, ob die dazu notwendigen Handlungen nun an sich gut oder schlecht seien. Dies wird vor allem als das wichtigste Attribut politischer Herrschaft behandelt. Wie im *Fürsten* wird dieser Punkt in Form einer Anspielung auf die Werte des ciceronischen Humanismus und ihrer sarkastischen Widerlegung vorgebracht. Cicero hatte in *De officiis* behauptet, daß Romulus, als er entschieden hatte, »es sei zweckmäßiger für ihn, alleine zu regieren«, und infolgedessen seinen Bruder ermordete, ein Verbrechen begangen habe, das unmöglich verziehen werden könne, da seine Verteidigung dieser Tat »weder vernünftig noch irgendwie angemessen« gewesen sei. Machiavelli besteht im Gegensatz dazu darauf, daß ein »kluger Kopf« niemals einen Mann »wegen einer gesetzlosen Handlung tadeln« wird, »die er begangen hat, um ein Reich zu gründen oder eine Republik zu konstituieren«. Unter Hinweis auf den Fall von Romulus' Brudermord behauptet er: »Spricht auch die Tat gegen ihn, so entschuldigt ihn doch der Erfolg. Und wenn dieser gut ist wie bei Romulus, so wird er ihn immer entschuldigen. Denn nur wer Gewalt braucht, um zu zerstören, und nicht wer sie braucht, um aufzubauen, verdient Tadel« (D 36f).

Dieselbe Bereitwilligkeit, das Gemeinwohl über alle Privatinteressen und gewöhnlichen Moralerwägungen zu setzen, wird für nicht weniger wesentlich im Falle der gewöhnlichen Bürger angesehen. Wiederum betont Machiavelli diesen Punkt in der Form, daß er die Werte des klassischen Humanismus parodiert. Cicero hatte in *De officiis* betont, daß es »einige Handlungen gibt, die so abstoßend oder so schlecht sind, daß kein Weiser sie begehen würde, nicht einmal, um sein Land zu retten«. Machiavelli entgegnet: »Wo es um das Wohl und Wehe des Vaterlandes geht, darf man nicht überlegen, ob es recht oder unrecht, mild oder grausam, löblich oder schändlich ist. Man muß vielmehr jede Rücksicht beiseitelassen und darf nur die Maßnahmen ergreifen, die ihm Leben und Freiheit retten« (D 395).

Dies ist also das Zeichen von *virtù* bei Herrschern und Bürgern gleichermaßen: jeder muß danach streben, »nicht sich, sondern dem Allgemeinwohl, nicht seiner Nachkommenschaft, sondern dem gemeinsamen Vaterland zu dienen« (D 36). Das ist der Grund, weshalb Machiavelli von der römischen Republik als einer Fundgrube von »so viel *virtù*« spricht: »Die Liebe zum Vaterland« wurde als »stärker als jede andere Rücksicht« (D 312) angesehen; woraus sich ergab, daß das römische Volk »vierhundert Jahre lang dem Königtum feind war und den Ruhm und das öffentliche Wohl seines Vaterlandes über alles liebte« (D 151).

Die Behauptung, daß der Schlüssel zur Bewahrung der Freiheit darin liege, die Eigenschaft der *virtù* in dem Gemeinwesen als Ganzem zu bewahren, wirft offensichtlich eine weitere Frage auf, die eigentlich entscheidende: Wie können wir hoffen, diese Eigenschaften weit genug zu verbreiten und lange genug zu bewahren, um sicherzustellen, daß bürgerlicher Ruhm erlangt wird? Wiederum räumt Machiavelli ein, daß ein Element von guter *Fortuna* immer daran beteiligt ist. Kein Staat kann hoffen, Größe zu erreichen, wenn er nicht von einem großen Gründer auf den richtigen Weg gebracht worden ist, dem er seine Geburt verdankt »wie ein Kind« (D 43). Ein Staat, der nicht das Glück gehabt hat, einen klugen Gründer zu haben, wird immer dazu tendieren, »weit schlechter dran zu sein« (D 11 f). Umgekehrt hat eine Stadt, die auf »die *virtù* und das Vorgehen« eines großen Gründers zurückblicken kann — wie Rom auf Romulus zurückschaute — »eine ganz große *Fortuna*« (D 68).

Der Grund, weshalb ein Staat diese »erste« *Fortuna* benötigt, ist der, daß der Akt der Einrichtung einer Republik oder eines Fürstentums niemals durch die »*virtù* vieler Köpfe« (D 37) herbeigeführt werden kann, weil »die Verschiedenheit ihrer Meinungen« sie immer ungeeignet macht, »Ordnung in einen Staat« zu bringen (D 63). Es folgt daraus, »daß man zur Ordnung eines Staatswesens allein sein muß« (D 38). Sobald außerdem ein Staat erst einmal »durch Sittenverderbnis in Verfall geraten ist«, bedarf es ähnlich »eines kraftvollen Mannes, der die guten Einrichtungen aufrechterhält« (D 63), und nicht »der *virtù* der Allgemeinheit«, um ihn wieder aufzurichten. Und so schließt Machiavelli: »Man muß es wohl als eine allgemeine Regel annehmen, daß niemals oder nur selten eine Republik oder ein Königreich von Anfang an eine gute Verfassung oder eine ganz neue, von den bestehenden Einrichtungen abweichende Form erhielt, außer es geschieht durch einen einzelnen Mann« (D 36).

Er erklärt dann freilich, daß eine Stadt, sollte sie so unklug sein, sich auf diese anfängliche gute *Fortuna* zu verlassen, sich nicht nur selbst um jede Größe betrügt, sondern sehr bald zusammenbricht. Denn mag auch ein einzelner »die Fähigkeit haben, eine Verfassung zu geben«, so kann doch keine Verfassung auf lange Dauer hoffen, »wenn ihre Erhaltung nur auf den Schultern dieses einzelnen Mannes ruht« (D 37). Die unvermeidliche Schwäche jedes Gemeinwesens, das einzig und allein auf »der *virtù* eines einzelnen Mannes« beruht, ist, daß die »*virtù* mit dem Leben« des Mannes dahingeht; und nur selten werden »jene ausgezeichneten Eigenschaften« »durch die Erbfolge erneuert« (D 45f). Was deshalb für das Heil eines Königreichs oder einer Republik nötig ist, ist nicht so sehr, einen Fürsten zu haben, »der zu seinen Lebzeiten weise regiert«, sondern viel eher einen, der »dem Staat Einrichtungen gibt, durch die dieser sich auch nach seinem Tode erhalten kann« (D 46), d.h. daß seine künftige *Fortuna* sich stattdessen auf die *virtù* der Allgemeinheit stützen kann (D 63). Das tiefste Geheimnis der Staatskunst besteht also darin zu wissen, wie dies erreicht werden kann.

Das Problem, fährt Machiavelli fort, ist von außerordentlicher Schwierigkeit. Denn während wir erwarten können, einen überragenden Grad an *virtù* bei den Staatsgründern zu finden, können wir nicht erwarten, dieselbe Eigenschaft natürlicherweise unter gewöhnlichen Bürgern zu finden. Im Gegenteil, da »die meisten Menschen eher zum Bösen als zum Guten neigen« (D 37), tendieren sie infolgedessen dazu, das Gemeinwohl zu ignorieren und »ihren bösen Neigungen zu folgen, sobald sie Gelegenheit dazu haben« (D 17). Es gibt auf diese Weise bei allen Staaten eine Tendenz, sich von der anfänglichen *virtù* ihrer Gründer zu entfernen und »in einen schlechteren Zustand zu geraten« — ein Prozeß, den Machiavelli in dem Satz zusammenfaßt, daß selbst die ausgezeichnetsten Gemeinwesen dem Verfall unterliegen (D 160ff).

Das Bild, das dieser Analyse zugrundeliegt, ist aristotelisch: die Vorstellung von einem Gemeinwesen als einem natürlichen Körper, der, wie alle sublunaren Geschöpfe, der Zeit unterworfen ist (D 274). Machiavelli legt besondere Betonung auf die Metapher vom politischen Körper zu Beginn seines dritten Diskurses. Für ihn ist es »klarer als der Tag, daß solche Körper ohne Erneuerung nicht von Dauer sind«, denn mit der Zeit neigt die *virtù* dazu, zu verderben, und durch solche Verderbnis wird der betroffene Körper mit Sicherheit absterben, wenn die daraus resultierenden Verletzungen nicht geheilt werden (D 274).

Der Beginn der Verderbnis wird also mit dem Verlust oder der Verflüchtigung der *virtù* gleichgesetzt, einem Degenerationsprozeß, der sich nach Machiavelli auf eine von zwei Arten entwickelt. Ein »Körper« von Bürgern kann seine *virtù* verlieren — und infolgedessen sein Interesse am Gemeinwohl —, indem er das Interesse an Politik überhaupt verliert, und »träge und zu jeder *virtuoso* Anstrengung untauglich« wird (D 9). Die tückischere Gefahr entsteht jedoch daraus, daß die Bürger in Staatsangelegenheiten aktiv bleiben, aber anfangen, ihren privaten Ehrgeiz und ihre parteiische Loyalität auf Kosten des öffentlichen Interesses zu befördern. Demgemäß definiert Machiavelli einen korrupten politischen Vorschlag als einen, den »Leute vorschlagen, die mehr die Gunst als das Wohl der Allgemeinheit vor Augen haben« (D 234). Er definiert eine korrupte Verfassung als eine, in der »nur die Mächtigen« in der Lage sind, Maßnahmen vorzuschlagen, und zwar »nicht zugunsten der allgemeinen Freiheit, sondern zugunsten ihrer eigenen Macht« (D 66). Und er definiert einen verderbten Staat als einen, in dem die Ämter nicht länger von denen besetzt sind, die die meiste *virtù* haben, sondern vielmehr von denen, »die die meiste Macht« haben und infolgedessen die besten Aussichten, ihren eigenen selbstsüchtigen Zielen zu dienen (D 65).

Diese Analyse bringt Machiavelli in ein Dilemma. Einerseits betont er fortwährend, daß die Menschen bis zu einem solchen Grade »von Natur ehrgeizig und mißtrauisch« sind (D 83), daß sie nur »von der Not gezwungen etwas Gutes tun« (D 18). Aber andererseits beharrt er darauf, daß, wenn man den Menschen erst einmal gestattet, »von einem Ehrgeiz zum andern« überzuspringen (D 122), dies sehr schnell dazu führt, daß die Städte »in Stücke fallen« und sich damit um jede Möglichkeit bringen, groß zu werden. Der Grund ist der, daß, während die Bewahrung der Freiheit eine notwendige Bedingung der Größe ist, das Anwachsen der Verderbnis ausnahmslos für die Freiheit tödlich ist. Sobald selbstsüchtige Individuen oder Sonderinteressen anfangen, Unterstützung zu gewinnen, bröckelt der Wunsch des Volkes, »zugunsten der Freiheit« Gesetze zu beschließen, dementsprechend ab, und Parteien beginnen die Macht zu übernehmen. »Dann ist sofort« an Stelle der Freiheit »die Gewaltherrschaft da« (D 113). Daraus folgt, daß überall, wo die Korruption ein Gemeinwesen durchdrungen hat, das Volk »nicht einmal kurze Zeit, ja keinen Augenblick in Freiheit zu leben« vermag (D 57; vgl. 62).

Machiavellis Dilemma besteht demgemäß darin: Wie kann dem Gemeinwesen — in dem die Eigenschaft der *virtù* nicht von Natur aus vorgefunden wird — diese Eigenschaft erfolgreich eingepflanzt werden? Wie können die

Bürger daran gehindert werden, in Verderbnis zu versinken, wie können sie gezwungen werden, ein Interesse am Gemeinwohl über eine genügend lange Periode aufrechtzuerhalten, um bürgerliche Größe zu erringen? Der ganze übrige Rest der *Discorsi* ist mit der Lösung eben dieses Problems befaßt.

Die Gesetze und die Herrschaft

Machiavelli glaubt, daß das von ihm aufgedeckte Dilemma bis zu einem gewissen Grade umgangen werden kann, statt direkt überwunden werden zu müssen. Denn während wir von der Allgemeinheit der Bürger kaum allzu viel natürliche *virtù* erwarten dürfen, hält er die Hoffnung nicht für übertrieben, daß ein Staat von Zeit zu Zeit die gute *Fortuna* hat, einen Herrscher zu finden, dessen Handlungen wie die eines großes Staatsgründers in hohem Maße einen natürlichen Charakter von *virtù* zeigen (D 275).

Solche wahrhaft edlen Bürger spielen in Machiavellis Augen eine unentbehrliche Rolle dabei, ihre Staaten auf den Weg zum Ruhm zu führen. Wären solche individuellen Beispiele von *virtù* »wenigstens alle zehn Jahre in Rom erfolgt«, so wäre Rom nach Machiavellis Überzeugung »nie in Sittenverderbnis verfallen« (D 277). Er erklärt sogar: »Wäre eine Republik so glücklich«, in jeder Generation Herrscher von dieser Eigenschaft zu finden, »die durch ihre Befehle die Gesetze erneuerten und den Staat nicht nur von seinem Verderben abhielten, sondern ihn zu seinen Anfängen zurückführten, so würde eine solche Republik ewig bestehen« (D 348).

Wie tragen solche Beimischungen persönlicher *virtù* zur Erlangung der höchsten Ziele eines Staates bei? Machiavellis Versuch, diese Frage zu beantworten, beschäftigt ihn den ganzen dritten Diskurs über, dessen Ziel es ist zu illustrieren, »wie groß die Taten einzelner Männer Rom gemacht haben und wie viel gute Wirkungen sie in dieser Stadt erzielten« (D 278).

Es ist offensichtlich, daß bei der Verfolgung dieses Themas Machiavelli dem Geist des *Fürsten* immer noch sehr nahe ist. Es ist deshalb nicht überraschend, daß wir in diesem letzten Abschnitt der *Discorsi* eine beträchtliche Anzahl von Rückverweisen auf sein früheres Werk angeführt finden – nahezu ein Dutzend Anspielungen auf weniger als hundert Seiten. Wie im *Fürsten* hält er außerdem auch hier daran fest, daß es zwei verschiedene Wege gibt, auf denen es für einen Staatsmann oder General von überragender *virtù* möglich ist, große Dinge zu erreichen. Auf dem ersten geschieht dies durch den Eindruck, den er auf andere und geringere Bürger macht. Machiavelli beginnt mit der Behauptung, daß dies manchmal eine direkt inspirierende Wirkung hervorrufen kann, da diese *virtù* »in so hohem Ansehen« steht »und ihr Vorbild ... so mächtig« wirkt, »daß die Guten ihr nachstreben und die Bösen sich schämen, einen entgegengesetzten Lebenswandel zu führen« (D 277). Aber seine zentrale Behauptung ist die, daß die *virtù* eines herausragenden Herrschers immer auch die Form der Fähigkeit annehmen wird, dieselbe vitale Eigenschaft auch seinen Nachfolgern aufzuprägen, obgleich sie vielleicht von Natur keineswegs damit begabt waren. Bei der Diskussion der Art und Weise, wie diese Form des Einflusses wirkt, ist Machiavellis wichtigste Behauptung – wie im *Fürst* und später im vierten Buch der *Kriegskunst* –, daß das wirkungsvollste Mittel, Menschen dazu zu zwingen, sich in einer *virtuoso* Weise zu verhalten, darin besteht, sie davon abzuschrecken, sich anders zu verhalten. So rühmt er Hannibal dafür, daß er die Notwendigkeit erkannt habe, durch die »Furcht, die seine Person einflößte«, seine Truppen »in Eintracht und Gehorsam« zu halten (D 346). Und er behält sich seine höchste Bewunderung für Manlius Torquatus vor, dessen »tapferer Sinn« und sprichwörtliche Strenge ihn dazu veranlaßten, »kraftvolle Taten zu befehlen«, und ihn in den Stand setzten, seine Mitbürger zurück in den Zustand anfänglicher *virtù* zu zwingen, den sie begonnen hatten aufzugeben (D 347f).

Die andere Art, in der herausragende Individuen zum bürgerlichen Ruhm beitragen, ist unmittelbarer: Machiavelli glaubt, daß ihre hohe *virtù* allein schon dazu ausreicht, Sittenverderbnis und Zusammenbruch abzuwehren. Eines seiner Hauptthemen in seinem dritten Diskurs ist dementsprechend aufzuzeigen, welche besonderen Aspekte einer *virtuoso* Herrschaft am ehesten dazu tendieren, dieses wohltätige Ergebnis herbeizuführen. Er beginnt seine Antwort in Kap. 23 zu geben, in dem er die Laufbahn des Camillus darstellt, »des klügsten aller römischen Feldherrn« (D 326). Die Eigenschaften, die Camillus als besonders bemerkenswert erscheinen lassen und ihn in den Stand setzten, so viele »großartige Dinge« (D 369) zu erreichen, waren »seine Rührigkeit, seine Klugheit, seine Großherzigkeit« und vor allem seine Geschicklichkeit bei der Führung des Heeres (D 353). Später widmet Machiavelli eine ganze Kapitelfolge einer ausführlicheren Behandlung desselben Themas. Er legt zuerst dar, daß große bürgerliche Machthaber wissen müssen, wie man die Neider entwaffnet, denn der Neid verhindert, daß Menschen »die

Macht erhalten, die in wichtigen Dingen notwendig ist« (D 366). Auch müssen sie Männer von hohem persönlichen Mut sein, besonders, wenn sie aufgefordert sind, in einer militärischen Eigenschaft zu dienen. In solchen Fällen müssen sie bereit sein – wie Livius es ausdrückt – »sich mitten ins Schlachtgetümmel zu werfen« (D 389). Sie müssen außerdem große politische Klugheit besitzen, die sich auf eine Würdigung der Alten Geschichte wie der gegenwärtigen Lage gründet (D 396). Und schließlich müssen sie Männer von großer Umsicht und Aufmerksamkeit sein, die von den Strategien ihrer Feinde nicht getäuscht werden können (D 402).

In dieser ganzen Diskussion ist es klar, daß die Geschikke seiner Heimatstadt Machiavelli immer nahe vor Augen standen. Wann immer er einen unerläßlichen Aspekt einer *virtuoso* Herrschaft zitiert, hält er inne, um darauf hinzuweisen, daß der Niedergang der Republik Florenz und ihr schimpflicher Zusammenbruch im Jahre 1512 zum großen Teil dem Versäumnis geschuldet wurde, dieser entscheidenden Eigenschaft hinreichende Aufmerksamkeit zu schenken. Ein Herrscher von *virtù* muß wissen, wie man mit Neidern zu verfahren hat: aber weder Savonarola noch Soderini konnten »mit dem Neid fertigwerden« (D 367), und infolgedessen »gingen beide unter« (D 368). Ein Herrscher von *virtù* muß bereit sein, die Lektionen der Geschichte zu studieren: aber die Florentiner, die leicht »aus der Geschichte von den alten Gewohnheiten der Barbaren Kenntnis« hätten nehmen können, machten keinerlei Versuch dazu und wurden leicht betrogen und beraubt (D 397). Ein Herrscher von *virtù* sollte ein Mann von Umsicht und Klugheit sein: aber die Herrscher von Florenz erwiesen sich im Anblick des Verrats als so naiv, daß sie – wie im Krieg gegen Pisa – die Republik in völlige Schande brachten (D 403). Mit dieser bitteren Anklage des Regimes, dem er gedient hatte, schließt Machiavelli seinen dritten Diskurs.

Wenn wir zu dem Dilemma zurückkehren, das Machiavelli anfangs aufstellte, wird deutlich, daß die Gedankenführung des dritten Diskurses es weitgehend ungelöst läßt. Obgleich er erklärt hat, wie es möglich ist, daß gewöhnliche Bürger durch das Beispiel großer Herrschaft in die *virtù* hineingezwungen werden können, hat er ebenso zugegeben, daß das Erscheinen bedeutender Herrscher immer eine Sache reiner, guter *Fortuna* ist und damit ein unzuverlässiges Mittel, eine Stadt zu befähigen, zu Ruhm und Ehre aufzusteigen. So bleibt die eigentliche Frage immer noch bestehen: Wie kann der Allgemeinheit der Menschen – die immer geneigt sein werden, sich durch Ehrgeiz oder Faulheit bestechen zu lassen – die Eigenschaft der *virtù* eingepflanzt und in ihnen lange genug lebendig gehalten werden, um sicherzustellen, daß bürgerlicher Ruhm erreicht wird?

Genau an dieser Stelle beginnt Machiavelli entscheidend über seine politische Vision im *Fürsten* hinauszugehen. Der Schlüssel zur Lösung dieses Problems, behauptet er, ist, sicherzustellen, daß die Bürger »wohlgeordnet« sind – daß sie auf eine Weise organisiert sind, die sie zwingt, *virtù* zu erwerben und ihre Freiheiten zu bewahren. Diese Lösung wird unmittelbar im einleitenden Kapitel des ersten Diskurses vorgeschlagen. Wenn wir verstehen wollen, wie es zustande kam, daß sich »mehrere Jahrhunderte lang« eine »außerordentliche *virtù* in Rom« gehalten hat (D 7), müssen wir untersuchen, »welche Einrichtungen getroffen wurden«. Das nächste Kapitel wiederholt denselben Gedanken. Um zu sehen, wie es der Stadt Rom gelang, »den geraden Weg« (D 12) zu erreichen, der sie »zum wahren Ziel staatlicher Vollkommenheit« führte, müssen wir vor allem ihre *ordini* untersuchen — ihre Institutionen, ihre Verfassungseinrichtungen, ihre Methoden, die Bürger zu lenken und zu organisieren (D 12).

Die offensichtlichste Frage, die wir nach Machiavelli stellen müssen, ist, welche Institutionen ein Staat entwickeln muß, um die Entstehung des Sittenverfalls in seinen inneren Angelegenheiten zu vermeiden — womit er dessen politische und konstitutionelle Einrichtungen meint (D 12, 128). Dementsprechend widmet er den größten Teil seines ersten Diskurses der Betrachtung dieses Themas. Er nimmt seine Hauptbeispiele aus der frühen Geschichte Roms und betont ständig, »daß die Einrichtungen Roms wie geschaffen waren, den Staat groß zu machen« (D 99).

Er spezifiziert zwei wesentliche Methoden, innere Angelegenheiten so zu organisieren, daß sie geeignet sind, die Eigenschaft der *virtù* der Gesamtheit der Bürger einzuflößen. Er beginnt seine Darlegung in den Kap. 11 und 15 mit der Behauptung, daß zu den wichtigsten Institutionen jedes Staates diejenigen zählen, die mit der Aufrechterhaltung der Religion befaßt sind und deren »guten Gebrauch« sicherstellen (D 51). Er erklärt sogar, daß »die Pflege des religiösen Kultes« von derart überragender Wichtigkeit sei, daß sie als solche »die Ursache der Größe eines Volkes« sei (D 45). Umgekehrt, glaubt er, gebe es »kein schlimmeres Zeichen für den Verfall eines Landes als die Mißachtung des religiösen Kultes« (D 47).

Die Römer verstanden es perfekt, sich der Religion zu bedienen, um das Wohlergehen ihrer Republik zu fördern. Besonders König Numa, Romulus' unmittelbarer Nachfolger, erkannte, daß die Einrichtung eines bürgerlichen Kultes geradezu »notwendig war, da er diese als die unentbehrlichste Stütze der Zivilisation erkannte« (D 43). Im Gegensatz dazu haben die Machthaber des modernen Italien auf furchtbare Weise dabei versagt, die Relevanz dieses Punktes zu begreifen. Obwohl die Stadt Rom noch das nominelle Zentrum der Christenheit ist, ist die ironische Wahrheit, daß »unser Land durch das böse Beispiel des päpstlichen Hofes alle Gottesfurcht und alle Religion verloren hat« (D 48). Das Ergebnis dieses Skandals ist, daß die Italiener, weil sie das am wenigsten religiöse Volk Europas sind, zum verderbtesten geworden sind. Infolgedessen haben sie ihre Freiheit verloren, haben vergessen, wie man sich verteidigt und zugelassen, daß ihr Vaterland »nicht nur zur Beute mächtiger Barbaren, sondern überhaupt eines jeden wurde, der es angriff« (D 49).

Das Geheimnis, das den alten Römern bekannt war — und das in der modernen Welt vergessen worden ist —, besteht darin, daß man die Institutionen der Religion eine Rolle spielen lassen kann, die der hervorragender Individuen analog ist, um die Sache bürgerlicher Größe fördern zu helfen. Religion kann, mit anderen Worten, benutzt werden, um die gewöhnliche Bevölkerung zu inspirieren und, wenn nötig, zu terrorisieren — so daß sie dazu gebracht wird, das Gemeinwohl allen anderen Gütern vorzuziehen. Machiavellis Darstellung, wie die Römer einen derartigen Patriotismus förderten, wird in der Hauptsache in seiner Diskussion der Auspizien gegeben. Bevor sie in die Schlacht gingen, trugen die römischen Feldherren immer Sorge anzukündigen, daß die Vorzeichen günstig seien. Dies ermutigte ihre Truppen, im festen Zutrauen zu kämpfen, daß ihnen der Sieg gewiß sei, worauf sie wiederum soviel *virtù* an den Tag legten, daß sie beinahe immer den Sieg davontrugen (D 54f). Charakteristischerweise ist Machiavelli freilich mehr von der Art und Weise beeindruckt, in der die Römer ihre Religion benutzten, um im Gemeinwesen Schrecken zu verbreiten. Dadurch stachelten sie die Bürger an, einen Grad von *virtù* an den Tag zu legen, den sie anders nie erreicht hätten. Das dramatischste Beispiel bietet er in Kap. 11: »Nach der Niederlage der Römer bei Cannae durch Hannibal hatten sich viele römische Bürger zusammengefunden, wollten in ihrer Angst Italien verlassen und sich nach Sizilien begeben. Als Scipio dies erfuhr, begab er sich zu ihnen und zwang sie mit gezücktem Schwert zu dem Schwur, das Vaterland nicht zu verlassen«. Die Wirkung war, sie zur *virtù* zu zwingen: Obgleich ihre Liebe zu ihrem Vaterland und dessen Gesetzen sie nicht dazu gebracht hatte, in Italien zu bleiben, wurden sie mit Erfolg durch die Furcht vor einem Meineid dort zurückgehalten (D 43ff).

Die Vorstellung, daß eine gottesfürchtige Gemeinschaft ganz natürlicherweise den Lohn in Gestalt des bürgerlichen Ruhmes einheimst, war Machiavellis Zeitgenossen vertraut. Wie er selbst beobachtet, war dies das Versprechen gewesen, das Savonarolas Kampagne in Florenz während der 1490er Jahre zugrundegelegen hatte, in dessen Verlauf dieser die Florentiner überzeugt hatte, »daß er mit Gott spreche« und daß Gottes Botschaft an die Stadt sei, daß er ihr die frühere Größe wiedergeben werde, sobald sie zu ihrer ursprünglichen Frömmigkeit zurückgekehrt sei (D 46). Machiavellis eigene Ansichten über den Wert der Religion haben für ihn freilich zur Folge, daß er von dieser orthodoxen Behandlung des Themas in zwei fundamentalen Hinsichten abweicht. Zunächst einmal unterscheidet er sich von den Savonarolanern in seinen Gründen für den Wunsch, die religiöse Basis des politischen Lebens beizubehalten. Er ist an der Frage der religiösen Wahrheit nicht im geringsten interessiert. Er interessiert sich einzig und allein für die Rolle, die die religiöse Empfindung dabei spielt, »das Volk in Eintracht zu halten, die guten Menschen zu stärken und die schlechten zu beschämen« (D 44), und er beurteilt den Wert verschiedener Religionen völlig nach ihrer Fähigkeit, diese nützlichen Wirkungen hervorzurufen. So schließt er nicht nur, daß die Machthaber jedes Gemeinwesens die Pflicht haben, alles, was für die Religion spricht, »zu unterstützen und zu fördern«, er besteht darauf, daß sie es immer tun müssen, »auch wenn sie es für falsch halten« (D 47).

Machiavellis andere Abweichung von der Orthodoxie ist mit seinem pragmatischen Vorgehen verknüpft. Er erklärt, daß die alte Religion der Römer, nach diesen Maßstäben beurteilt, dem christlichen Glauben bei weitem vorzuziehen sei. Es gibt keinen Grund, warum die christliche Religion nicht »gemäß der *virtù*« hätte interpretiert werden und zur »Besserung und Verteidigung« der christlichen Gemeinschaften hätte angewendet werden sollen. Tatsächlich ist sie jedoch in einer Weise interpretiert worden, daß die Eigenschaften, die für ein freies und starkes bürgerliches Leben benötigt werden, untergraben worden sind. Sie hat den »demütigen und in Betrachtungen versunkenen Menschen« (D 171) verherrlicht. »Sie sieht das höchste Gut in Demut, Selbstverleugnung und in der Geringschätzung der weltlichen Dinge«. Sie legt keinen Wert auf »Größe des Mutes«, auf die »Kraft des Körpers« oder überhaupt auf eine der Eigenschaften, die die Menschen möglichst *virtuoso* machen. Dadurch, daß sie dieses außerweltliche Bild menschlicher Größe durchgesetzt hat, hat sie nicht nur dabei versagt, bürgerlichen Ruhm zu fördern, sie hat sogar dazu beigetragen, den Niedergang und Sturz großer Nationen herbeizuführen, indem sie ihr gemeinschaftliches Leben korrumpierte. Machiavelli schließt mit einer Ironie, die eines Gibbon würdig ist: der Preis, den wir für die Tatsache gezahlt haben, daß das Christentum uns »die Wahrheit und den rechten Weg des Heils« zeigt, ist, daß sie »die Weltgeschichte den Bösewichtern ausgeliefert hat, die ungefährdet ihr Unwesen treiben können« (D 172).

Machiavelli widmet den Rest des ersten Diskurses dem Nachweis, daß es ein zweites und sogar wirkungsvolleres Mittel gibt, die Menschen dazu zu veranlassen, *virtù* zu erwerben: indem man die Zwangsgewalt des Gesetzes in einer solchen Weise benutzt, daß man sie zwingt, das Gemeinwohl über ihre selbstsüchtigen Interessen zu setzen. Zum ersten Mal wird diese Ansicht in umrißhafter Form in den einleitenden Kapiteln des Buches vorgetragen. Alle besonders schönen Beispiele bürgerlicher *virtù* »entstehen durch gute Erziehung«, heißt es dort (D 19), gute Erziehung ihrerseits entsteht durch gute Gesetze. Wenn wir fragen, wie es einigen Staaten gelingt, ihre *virtù* über eine außergewöhnlich lange Zeit zu erhalten, ist die Antwort letztlich in jedem einzelnen Fall: »Gesetze machen sie gut« (D 18). Die zentrale Bedeutung dieser Behauptung in Machiavellis allgemeiner Argumentation wird später, zu Beginn des dritten Diskurses, explizit gemacht: Wenn ein Staat zur »Selbsterneuerung« gebracht werden muß, um auf dem Weg zum Ruhm voranzuschreiten, dann kann dies nur »entweder durch die *virtù* eines Mannes oder durch die *virtù* eines Gesetzes geschehen« (D 275).

Diese Überzeugung einmal vorausgesetzt, können wir sehen, weshalb Machiavelli den Gründungsvätern von Staaten so viel Bedeutung beimißt. Sie sind in einer einzigartigen Lage, als Gesetzgeber zu wirken und auf diese Weise ihre Gesellschaften von Anfang an mit den besten Mitteln zu versehen, um sicherzustellen, daß *virtù* gefördert und Korruption überwunden wird. Als eindrucksvollstes Beispiel für eine solche Errungenschaft gilt das des Lykurg, des ursprünglichen Gründers Spartas. Er entwarf einen Gesetzeskodex, der so vollkommen war, daß die Stadt imstande war, »über 800 Jahre« sicher unter diesen Gesetzen zu leben, »ohne sie anzufassen« und ohne zu irgendeinem Zeitpunkt ihre Freiheit einzubüßen (D 11, 15). Kaum weniger bemerkenswert ist die Leistung von Romulus und Numa, der ersten Könige Roms. Mit Hilfe der vielen guten Gesetze, die sie erließen, wurde dem Staat die Eigenschaft der *virtù* mit solcher Entschiedenheit »aufgezwungen«, daß selbst »die Größe des Reiches die Sitten jahrhundertelang nicht verderben« konnte, und daß es sich so »voll *virtù* erhalten hat wie noch nie eine andere Stadt oder eine andere Republik« (D 11).

Dies bringt uns nach Machiavelli zu einer der lehrreichsten Lektionen, die wir dem Studium der Geschichte zu entnehmen hoffen können. Er hat gezeigt, daß die größten Gesetzgeber die sind, die am klarsten begriffen haben, wie man das Gesetz benutzen muß, um die Sache bürgerlicher Größe voranzutreiben. Daraus folgt, daß wir vielleicht das Geheimnis ihres Erfolges aufdecken und doch noch die Weisheit der Alten den Herrschern der modernen Welt direkt nutzbar machen können, wenn wir die Einzelheiten ihrer Verfassungen untersuchen.

Nach Abschluß dieser Untersuchung kommt Machiavelli

zu dem Ergebnis, daß die entscheidende Einsicht, die den weisesten Gesetzgebern der Antike allen gemeinsam war, sehr einfach ausgedrückt werden kann. Sie alle haben bemerkt, daß die drei »reinen« Formen der Verfassung — Monarchie, Aristokratie, Demokratie — in sich unstabil sind und dazu tendieren, einen Kreislauf des Verderbens und Verfalls zu erzeugen. Mit Recht haben sie daraus die Schlußfolgerung gezogen, daß der Schlüssel dazu, *virtù* mit Hilfe des Gesetzes zur Pflicht zu machen, deshalb in der Einrichtung einer gemischten Verfassung liegen muß, in der die Instabilitäten der reinen Formen korrigiert sind, während ihre Stärken sich vereinigen. Wie immer bietet Rom das klarste Beispiel: Es erhob sich schließlich zu einem »vollkommenen Staatswesen« (D 17), weil es eine Mischung der Regierungsformen entwickelte.

Natürlich war es ein Gemeinplatz der römischen politischen Theorie, die besonderen Verdienste gemischter Verfassungen zu verteidigen. Das Argument ist zentral für Polybius' *Historien*, taucht in verschiedenen politischen Abhandlungen Ciceros auf und fand in der Folge den Beifall der meisten führenden Humanisten im Florenz des 15. Jahrhunderts. Wenn wir freilich zu den Gründen für Machiavellis Glauben kommen, daß eine gemischte Verfassung am besten geeignet sei, *virtù* zu befördern und die Freiheit zu erhalten, begegnen wir einer dramatischen Abweichung von dem konventionellen humanistischen Gesichtspunkt.

Seine Begründung beginnt mit dem Axiom, daß es in »jeder Republik« zwei entgegengesetzte Parteien gebe, »mächtige Männer« und »ohnmächtiges Volk« (D 21). Er hält es für offensichtlich, daß die Republik »leicht zugrundegeht« (D 12), wenn die Verfassung so eingerichtet ist, daß der einen oder der anderen Gruppe die vollständige Herrschaft überlassen wird. Wenn jemand aus der Partei der Mächtigen Fürst wird, gibt es die unmittelbare Gefahr der Tyrannei; wenn die Reichen eine aristokratische Regierungsform einsetzen, sind sie geneigt, in ihrem eigenen Interesse zu herrschen. Wenn eine Demokratie besteht, gilt das gleiche vom gemeinen Volk. In jedem Falle wird das Allgemeinwohl den Parteiloyalitäten untergeordnet werden, mit dem Ergebnis, daß die *virtù* und infolgedessen die Freiheit der Republik sehr bald verloren sein wird (D 13f, 19f).

Die Lösung besteht nach Machiavelli darin, die Gesetze, die sich auf die Verfassung beziehen, so einzurichten, daß sich ein gut ausbalanciertes Gleichgewicht zwischen diesen feindlichen sozialen Kräften herstellt, eines, in dem alle Parteien am Regierungsgeschäft beteiligt sind und »sich gegenseitig überwachen« (D 15), um der Arroganz der Reichen und der Zügellosigkeit des Volkes vorzubeugen (D 14). Da die rivalisierenden Gruppen eifersüchtig nach irgendwelchen Anzeichen für den Versuch der anderen, die höchste Macht zu übernehmen, Ausschau halten, bedeutet die Auflösung der auf diese Weise entstandenen Konflikte, daß tatsächlich nur »Gesetze und Einrichtungen zum Besten der allgemeinen Freiheit« erlassen werden (D 19). Obgleich sie vollständig von ihren eigenen privaten Interessen motiviert sind, werden die Parteien auf diese Weise wie von einer unsichtbaren Hand gelenkt dazu gebracht, das öffentliche Interesse in all ihren Gesetzgebungen zu fördern: »alle zugunsten der Freiheit entstandenen Gesetze« verdanken sich »nur diesen Auseinandersetzungen« (D 19).

Dieses Lob der Zwietracht entsetzte Machiavellis Zeitgenossen. Guicciardini sprach für sie alle, als er in seinen *Betrachtungen über die Discorsi* entgegnete: »Uneinigkeit zu loben ist wie die Krankheit eines Mannes zu loben, wegen der guten Eigenschaft, die die angewandte Medizin besitzt«. Machiavellis Überlegungen standen der gesamten Tradition republikanischen Denkens in Florenz entgegen, einer Tradition, in der der Glaube, daß alle Uneinigkeit als parteiisch verbannt werden müsse, zusammen mit dem Glauben, daß Parteienbildung die tödliche Bedrohung bürgerlicher Freiheit darstelle, immer wieder seit dem Ende des 13. Jahrhundert betont worden war, als Remigio, Latini, Compagni und vor allem Dante heftige Verdammungen ihrer Mitbürger ausgesprochen hatten, weil sie durch ihre Weigerung, in Frieden zu leben, die Freiheit in Gefahr brächten. Auf dem erstaunlichen Urteil zu beharren, daß — wie Machiavelli es ausdrückt — die Unruhen in Rom »höchstes Lob« verdienten (D 20), hieß deshalb, eine der am höchsten geschätzten Annahmen des florentinischen Humanismus zurückzuweisen.

Machiavelli ist in seinem Angriff auf diesen orthodoxen Glauben freilich nicht bußfertig. Er erwähnt explizit die »allgemein verbreitete Meinung« (D 18), daß die fortwährenden Zusammenstöße zwischen der *plebs* und dem Adel Rom derartig »in Unordnung« gebracht hätten, daß nur »eine gütige *Fortuna* und militärische *virtù*« verhindert hätten, daß es sich selbst zerfleische. Aber er insistiert gleichwohl darauf, daß diejenigen, die Roms Konflikte verdammen, verkennen, daß sie dazu dienten, den Triumph parteiischer Interessen zu verhindern, und auf diese Weise »auch die Ursachen verurteilen, die in erster Linie zur Erhaltung der Freiheit Roms führten« (D 19). Also schließt er, daß, selbst wenn die Zwistigkeiten für sich genommen ein Übel waren, sie gleichwohl »ein notwendiges Übel« waren, »ohne das Rom seine Größe nicht erreicht hätte« (D 28).

Die Verhinderung der Sittenverderbnis

Machiavelli argumentiert weiter, daß eine gemischte Verfassung zwar notwendig, gleichwohl nicht hinreichend sei, um sicherzustellen, daß die Freiheit erhalten bleibt. Der Grund ist — wie er uns immer wieder warnt —, daß die meisten Menschen viel eher ihrem eigenen Ehrgeiz als dem öffentlichen Interesse zuliebe handeln und »nur von der Not gezwungen etwas Gutes tun« (D 18). Das Ergebnis ist eine beständige Tendenz der übermächtigen Bürger und starker Interessen-Gruppen, die Balance der Verfassung zugunsten ihrer eigenen selbstsüchtigen und parteiischen Ziele zu ändern, wodurch der Keim des Verderbens in den politischen Körper gelangt und seine Freiheit bedroht.

Um dieser unausrottbaren Bedrohung entgegenzutreten, macht Machiavelli einen weiteren Verfassungsvorschlag: Er betont, daß der Preis der Freiheit ständige Wachsamkeit ist. Es ist in erster Linie wesentlich, die Gefahren-Signale kennenzulernen — die Mittel zu erkennen, durch die es einem einzelnen Bürger oder einer politischen Partei gelingen könnte, »größere Macht« zu erringen »als vernünftig ist« (D 92). Als nächstes ist es wesentlich, eine spezielle Gruppe von Gesetzen und Institutionen zu entwickeln, um mit solchen Notständen fertigzuwerden. Eine Republik sollte, wie Machiavelli sagt, »unter ihren *ordini* auch einen solchen haben, der darüber wacht, daß ihre Bürger nicht unter dem Schein des Guten tatsächlich Böses tun können und daß sie nur insoweit zu Einfluß kommen können, als es der Freiheit nützt und nicht schadet« (D 123). Schließlich ist es wesentlich für jedermann, »die Augen offen zu halten« und sich bereitzuhalten, nicht nur solche verderblichen Tendenzen zu identifizieren, sondern auch die Macht der Gesetze anzuwenden, um sie niederzuschlagen, sobald sie — oder sogar bevor sie — beginnen, zu einer Bedrohung zu werden (D 93).

Machiavelli verknüpft diese Analyse mit der Behauptung, daß man aus der frühen Geschichte eine weitere, die Verfassungen betreffende Lehre von größerer Bedeutung ziehen kann. Da Rom seine Freiheit über mehr als vierhundert Jahre bewahrte, scheint es, als müßten seine Bürger vollkommen korrekt die ernsthaftesten Bedrohungen ihrer Freiheit identifiziert und infolgedessen die richtigen *ordini* entwickelt haben, um ihnen zu begegnen. Folglich wird es für uns vorteilhaft sein, wenn wir solche Gefahren und ihre Heilmittel verstehen wollen, uns noch einmal der Geschichte der römischen Republik zuzuwenden und zu versuchen, von ihrer alten Weisheit zu profitieren und sie auf die moderne Welt anzuwenden.

Wie das Beispiel Roms zeigt, stammt die anfängliche Gefahr, der jede gemischte Verfassung ausgesetzt ist, immer von denen, die vom vorangegangenen Regime den Nutzen hatten. In Machiavellis Ausdrücken ist dies die Bedrohung, die von den »Söhnen des Brutus« ausgeht, ein Problem, das er zum ersten Mal in Kap. 16 erwähnt und später zu Beginn des dritten Diskurses unterstreicht. Junius Brutus befreite Rom von der Tyrannei des Tarquinius Superbus, des letzten seiner Könige; aber Brutus' eigene

Söhne waren unter denen, die »aus der Gewaltherrschaft Nutzen gezogen haben« (D 57). Die Einführung der »Freiheit des Volkes« schien ihnen deshalb »zur eigenen Unfreiheit« geworden zu sein (D 58). Infolgedessen wurden sie »zur Verschwörung gegen das Vaterland bewogen, weil sie unter Konsuln nicht mehr so außergewöhnlich viel gelten konnten wie unter den Königen« (D 58).

Gegen diese Art von Gefahr gibt es »kein durchschlagenderes, wirksameres, heilsameres und notwendigeres Mittel als die Söhne des Brutus umzubringen« (D 58). Machiavelli gibt zu, daß es grausam erscheinen mag — und er fügt in seinem eisigsten Ton hinzu, daß Brutus' Strenge »in der ganzen Geschichte« ein »seltenes Beispiel« bietet —, »daß ein Vater über seine Söhne zu Gericht sitzt und diese nicht nur zum Tode verurteilt, sondern auch ihrer Hinrichtung beiwohnt« (D 281). Aber er insistiert darauf, daß solche Strenge tatsächlich unerläßlich ist. Denn »wer sich zum Alleinherrscher aufwirft und den Brutus nicht tötet, oder wer eine Republik gründet und die Söhne des Brutus nicht beseitigt, wird sich nicht lange halten« (D 281).

Eine weitere Bedrohung der politischen Stabilität erwächst aus der notorischen Neigung sich selbst regierender Republiken zur Verleumdung und Undankbarkeit gegenüber ihren führenden Bürgern. Machiavelli spielt auf diese Schwäche zuerst in Kap. 29 an, wo er sagt, daß einer der schwersten Irrtümer, den ein Volk »bei der Erhaltung der Freiheit« begehen kann, der ist, daß es »diejenigen Bürger, die es belohnen sollte, kränkt« (D 84). Diese Krankheit unbehandelt zu lassen ist besonders gefährlich, da diejenigen, die solche Ungerechtigkeiten erleiden, im allgemeinen in der Lage sind zurückzuschlagen und daraus »häufig Tyrannenherrschaft entsteht, wie es z. B. in Rom geschah, wo sich Caesar mit Gewalt nahm, was ihm Undankbarkeit verweigerte« (D 84f).

Das einzig mögliche Heilmittel besteht darin, eine besondere Institution zu schaffen, die dazu geeignet ist, die Neider und Undankbaren zu entmutigen, den Ruf prominenter Leute zu untergraben. Die beste Methode zur Verhütung ist, »den Anklagen ein weites Feld einzuräumen«. Jeder Bürger, der sich verleumdet glaubt, muß fähig sein, »ohne Furcht und ohne Rücksicht« zu verlangen, daß sein Ankläger vor Gericht erscheint, um die Berechtigung der Anklage zu beweisen. Falls sich dann ergibt, nachdem formell Klage erhoben und gründliche Nachforschungen angestellt worden sind, daß die Anschuldigungen nicht aufrechterhalten werden können, müssen die Verleumder streng bestraft werden (D 34).

Schließlich diskutiert Machiavelli die in seinen Augen ernsthafteste Gefahr für das Gleichgewicht einer gemischten Verfassung: die Gefahr, daß ein ehrgeiziger Bürger versucht, eine Partei zu bilden, die sich ihm selbst und nicht dem Gemeinwohl verpflichtet fühlt. Er beginnt diese Quelle der Unstabilität in Kap. 34 zu analysieren. Den darauffolgenden Rest des ersten Diskurses widmet er zum größten Teil der Frage, wie diese Korruption zu entstehen pflegt und welche Art *ordini* nötig sind, um sicherzustellen, daß dieses Tor zur Tyrannei verschlossen bleibt.

Ein Weg, das Entstehen von Parteien zu begünstigen, besteht darin, die Verlängerung militärischer Kommandos zu bewilligen. Machiavelli läßt sogar durchblicken, daß die »Macht, die Bürger auf diese Weise gewinnen«, mehr als irgendetwas anderes Rom schließlich »in Knechtschaft« brachte (D 94). Der Grund, weshalb es immer »zum Nachteil der Freiheit« (D 110) geschieht, wenn solche »unumschränkte Gewalt auf lange Zeit übertragen« wird (D 98), ist, daß absolute Macht das Volk immer dadurch verdirbt, daß sie sich »Anhänger und Parteigänger« erwirbt (D 95). Das geschah in Roms Heer unter der späten Republik. »Ein Bürger gewann dadurch, daß er lange den Oberbefehl innehatte, das Heer für sich und schuf sich damit einen persönlichen Anhang«, so daß das Heer »mit der Zeit den Senat« vergaß »und nur mehr seinen Feldherrn als Oberhaupt« anerkannte (D 355). Dann bedurfte es nur eines Sulla, Marius und später Caesar, um Soldaten zu finden, »die ihnen gegen das Allgemeinwohl Folge leisteten«, und die Verfassung kam so heftig aus dem Gleichgewicht, daß sofort die Gewaltherrschaft da war (D 113, 355).

Die richtige Antwort auf diese Bedrohung besteht nicht darin, schon bei der bloßen Vorstellung einer diktatorischen Gewalt zu erschrecken, da diese in Fällen nationalen Notstandes manchmal lebensnotwendig sein kann (D 94 ff). Die Antwort sollte vielmehr darin bestehen, mit Hilfe der richtigen *ordini* sicherzustellen, daß eine derartige Macht nicht mißbraucht wird. Dies kann hauptsächlich auf zwei Arten geschehen: indem man fordert, daß alle absolute Befehlsgewalt »für eine bestimmte Zeit und nicht für dauernd« verliehen wird (D 95), und indem man sicherstellt, daß ihre Ausübung in der Art beschränkt wird, daß sie nur die Ursachen beseitigt, deretwegen sie eingesetzt worden ist. Solange diese *ordini* beachtet werden, besteht keine Gefahr, daß absolute Macht absolut korrumpiert und dem Staat schadet (D 95).

Die andere Hauptquelle der Parteienbildung ist der bösartige Einfluß, der von denen ausgeübt wird, die über ausgedehnten persönlichen Reichtum verfügen. Der Reiche ist immer in der Lage, diesem oder jenem Bürger Wohltaten zu erweisen, etwa indem er »ihm Geld leiht, seine Töchter ausstattet, ihn vor den Behörden in Schutz nimmt und ihm ähnliche Gefälligkeiten erweist« (D 363). Protektion dieser Art ist äußerst verwerflich, da sie dazu tendiert, Menschen zu Parteigängern ihrer Wohltäter zu machen — auf Kosten des öffentlichen Interesses. Dies seinerseits dient dazu, dem »so Begünstigten Mut zu machen, gegen das Allgemeinwohl zu verstoßen und die Gesetze zu verletzen« (D 363). Von daher Machiavellis Bestehen darauf, daß »Sittenverderbnis und Untauglichkeit zur Freiheit aus der Ungleichheit, die im Staat herrscht«, entstehen (D 63); von daher auch seine häufig wiederholte Warnung, daß der Ehrgeiz der Großen so gewaltig ist, »daß er ein Gemeinwesen bald zum Untergang führt, wenn er nicht durch verschiedene Mittel und Wege abgewehrt wird« (D 103).

Der einzige Ausweg aus diesem Dilemma besteht für gut geordnete Republiken darin, »den Staat reich« und die »Bürger arm« zu halten (D 101). Machiavelli ist etwas unbestimmt hinsichtlich des Typs von *ordini*, die nötig sind, um dies herbeizuführen, aber er ist sehr beredt hinsichtlich der Wohltaten, die von einer solchen Politik erwartet werden können. Wenn das Gesetz benutzt wird, »die Bürger in Armut zu halten«, dann wird es sie wirkungsvoll daran hindern — selbst wenn sie ohne »Güte und Weisheit« sind —, »sich oder andere durch Reichtum ohne Verdienst zu verderben« (D 335). Wenn gleichzeitig der Staatsschatz gut gefüllt bleibt, wird die Regierung imstande sein, die Reichen bei jeder »Methode der Volksbegünstigung« zu überbieten, da es immer möglich ist, größere Belohnungen für öffentliche als für private Dienste anzubieten (D 133). Machiavelli kommt dementsprechend zu dem Schluß, »daß die nützlichste aller Anordnungen in einer Republik die ist, die Bürger in Armut zu halten« (D 355). Er beendet diese Debatte mit einem großen historischen Schnörkel, indem er hinzufügt: »Vieles könnte ich zum Beweis anführen, wie viel bessere Früchte die Armut trägt als der Reichtum«, wenn sich nicht schon andere über diesen Gegenstand »rühmend verbreitet hätten« (D 357).

An diesem Punkt in Machiavellis Analyse angekommen, können wir leicht sehen, daß unterhalb der Oberfläche seiner allgemeinen Überlegungen — wie in seinem dritten Diskurs — eine fortwährende innere Auseinandersetzung mit den Geschicken seiner Geburtsstadt stattfindet. Vor allem erinnert er uns daran, daß es für eine Stadt, die ihre Freiheit bewahren will, wesentlich ist, daß ihre Verfassung auf irgendeine Weise Vorsorge treffen muß gegen das vorherrschende Laster der Verleumdung und Verdächtigung prominenter Bürger. Dann weist er darauf hin, daß »in unserer Stadt Florenz immer schlechte Einrichtungen dagegen bestanden haben« (D 34). »Wenn man die Geschichte von Florenz liest, so sieht man, wieviel Verleumdungen zu allen Zeiten über diejenigen ihrer Bürger verbreitet wurden, die mit wichtigen Staatsgeschäften betraut waren« (D 34). Hieraus entsprangen »zahllose Unruhen«, die alle dazu beigetragen haben, die Freiheiten der Stadt zu untergraben, und die alle leicht hätten vermieden werden können, wenn irgendwann einmal »eine Einrichtung zur Anklage der Bürger und zur Bestrafung der Verleumder« geschaffen worden wäre (D 34).

Florenz machte einen weiteren Schritt in Richtung Sklaverei, als es nicht gelang, Cosimo de' Medici daran zu hindern, eine Partei aufzubauen, deren Ziel die Förderung seiner privaten Familien-Interessen war. Machiavelli hat gezeigt, nach welcher Strategie eine Stadt verfahren muß, wenn ein führender Bürger das Volk mit seinem Reichtum zu bestechen versucht: Sie muß ihn überbieten, indem sie es profitabler macht, dem Gemeinwohl zu dienen. Wie die Sache lag, zogen es Cosimos Rivalen stattdessen vor, ihn aus Florenz zu vertreiben, wodurch sie unter seinen Anhängern eine solche Verärgerung hervorriefen, daß sie ihn »kurze Zeit danach« zurückriefen und »ihn zum Oberhaupt der Republik machten; diesen Rang hätte er ohne jenen offenen Widerstand nie erreichen können« (D 93, 133).

Florenz' einzige noch verbleibende Chance, seine Freiheiten zu sichern, kam im Jahre 1494, als die Medici von neuem ins Exil geschickt wurden und die Republik vollständig wiederhergestellt wurde. An diesem Punkt machten die neuen Machthaber der Stadt unter der Führung von Piero Soderini freilich den allerfatalsten Fehler: Sie versäumten, sich eine Politik zu eigen zu machen, die nach Machiavellis Darlegungen absolut unerläßlich ist, sooft ein derartiger Wechsel des Regimes stattfindet. Jeder, der die »alte Geschichte liest« (D 281), weiß, daß nach einer Staatsumwälzung, wenn »eine Alleinherrschaft von einer Republik abgelöst wird«, es wesentlich ist, daß »die Söhne des Brutus« getötet werden (D 281 f). Aber Soderini meinte, »nach der Wiederherstellung der alten Regierung mit Geduld und Güte den Ehrgeiz, von dem die Söhne des Brutus erfüllt waren, überwinden zu können«, da er glaubte, ohne Blutvergießen »mit der bösen Gesinnung« fertig werden und durch Wohltaten für diesen und jenen »deren Feindschaft versöhnen zu können«. Das Ergebnis dieser schockierenden Naivität war, daß die Söhne des Brutus — das heißt, die Parteigänger der Medici — überlebten, um ihn ihrerseits zu vernichten und die Medici-Tyrannei nach dem Debakel von 1512 wiederherzustellen.

Soderini versagte genau da, wo es darum ging, eine zentrale Regel der Machiavellischen Staatskunst in die Praxis umzusetzen. Er zeigte Skrupel, etwas Schlechtes mit dem Ziel zu tun, daß sich daraus Gutes ergebe, und weigerte sich infolgedessen, seine Gegner zu zerschmettern, weil er erkannte, daß er dazu ungesetzliche Gewalt hätte anwenden müssen. Was er nicht erkannt hat, war die Torheit, solchen Skrupeln nachzugeben, als die Freiheiten der Stadt wirklich auf dem Spiel standen. Er hätte sehen sollen, daß man »seine Handlungen und seine Absichten nach dem Erfolg zu beurteilen hatte«, und erkennen müssen, daß er, »wenn ihm *Fortuna* und Leben erhalten geblieben wären, jedermann hätte überzeugen können, daß er alles nur zum Wohl des Vaterlandes und nichts aus Ehrgeiz getan hätte« (D 282). Wie die Dinge lagen, waren die Folgen davon, daß er »Brutus nicht zu gleichen wußte«, denkbar verhängnisvoll. Er verlor nicht nur »Herrschaft und Ansehen«; er verlor auch seine Stadt und ihre Freiheiten und lieferte seine Mitbürger der Sklaverei aus. Wie in seinem dritten Diskurs, kulminiert Machiavellis Argument also in einer heftigen Verurteilung des Herrschers und der Regierung, denen er selbst gedient hatte.

Die Ausdehnung der Macht

Zu Beginn seines zweiten Diskurses läßt Machiavelli deutlich werden, daß seine Diskussion der *ordini* noch immer erst halb vollendet ist. Bis dahin hat er die Forderung erhoben, daß ein Staat, der Größe anstrebt, die richtigen Gesetze und Institutionen entwickeln muß, um sicherzustellen, daß seine Bürger sich bei der Durchführung ihrer »inneren Angelegenheiten« mit der größtmöglichen *virtù* verhalten. Jetzt verweist er darauf, daß es nicht weniger wesentlich ist, eine weitere Gruppe von *ordini* einzurichten, die dazu bestimmt sind, die Bürger zu ermutigen, sich mit gleicher *virtù* ihren äußeren Angelegenheiten zu widmen — womit er ihre militärischen und diplomatischen Beziehungen zu anderen Königreichen und Republiken meint (D 178). Die Exposition dieses weiteren Arguments beschäftigt ihn durch den zentralen Abschnitt seines Buches hindurch.

Das Bedürfnis nach diesen zusätzlichen Gesetzen und Institutionen ergibt sich aus der Tatsache, daß alle Republiken und Fürstentümer sich im Zustand feindseligen Wettbewerbs miteinander befinden. Die Menschen begnügen sich niemals damit, »von dem zu leben, was sie haben«; sie streben immer danach, »anderen ihren Willen aufzuzwingen« (D 9). Daher kann es einer Republik »unmöglich gelingen, in Ruhe zu leben, sich ihrer Freiheit und ihres kleinen Gebiets zu erfreuen« (D 226). Jeder Staat, der versucht, einer solchen friedlichen Handlungsweise zu folgen, wird schnell dem unaufhörlichen Fluß des politischen Lebens zum Opfer fallen, in dem jedermanns Geschicke immer »steigen oder fallen«, ohne jemals »feststehen« zu können (D 28). Die einzige Lösung besteht darin, Angriff als die beste Verteidigung zu behandeln und sich eine Politik der Expansion zu eigen zu machen, um sicherzustellen, daß die eigene Stadt »sich gegen Angriffe verteidigen und jeden niederwerfen kann, der der eigenen Ausdehnung entgegentritt« (D 9). Das Trachten nach Herrschaftsgewalt außerhalb gilt somit als Vorbedingung der Freiheit im Innern. Wie zuvor wendet sich Machiavelli zur Unterstützung dieser allgemeinen Forderungen der frühen Geschichte Roms zu. Er erklärt in seinem einleitenden Kapitel, daß »es noch nie einen Staat gegeben hat«, der zur Expansion und Eroberung soviele der richtigen *ordini* gehabt habe (D 164). Rom verdankte diese Einrichtungen Romulus, seinem ersten Gesetzgeber, der mit so viel Voraussicht handelte, daß die Stadt von Beginn an imstande war, ihre »seltene, ausgezeichnete *virtù*« (D 172) bei der Durchführung ihrer militärischen Angelegenheiten zu entwickeln. Dies wiederum befähigte sie — zusammen mit ihrer außergewöhnlichen guten *Fortuna* —, sich durch eine Serie brillianter Siege zu ihrer schließlichen Position »außerordentlicher« und »ungeheurer Macht« zu erheben (D 178, 184).

Wie Romulus ganz richtig gesehen hatte, muß sich ein Staat zwei grundlegende Verfahrensweisen zu eigen machen, wenn er seine »äußeren« Angelegenheiten in einer befriedigenden Weise regeln will. An erster Stelle ist es wesentlich, die größtmögliche Anzahl von Bürgern zur Verfügung zu haben — zu Zwecken der Expansion ebenso wie zu solchen der Verteidigung. Um dies zu erreichen, muß man zwei verschiedene Strategien verfolgen. Die erste — die in Kap. 3 untersucht wird — besteht darin, die Einwanderung zu fördern: Es ist offensichtlich wohltätig für einen Staat und besonders für seine Kriegsstärke, wenn man »den Fremden, die ihren Wohnsitz dort nehmen wollen, die Einwanderung erleichtert und ihnen Sicherheit gewährt, damit jeder gern dort wohnt« (D 175). Die zweite Strategie — die in Kap. 4 diskutiert wird — besteht darin, »sich Bundesgenossen zu verschaffen« (D 177): Man muß sich mit Verbündeten umgeben, sie in untergeordneter Position belassen, aber sie mit den eigenen Gesetzen zum

Dank dafür schützen, daß man sich ihrer militärischen Dienstleistungen bedienen kann (D 177f).

Die andere entscheidend wichtige Vorgehensweise ist mit dieser Präferenz für die Aufstellung der größtmöglichen Truppen verknüpft. Um von ihnen den besten Gebrauch zu machen und von daher den Interessen des eigenen Staates am wirkungsvollsten zu dienen, ist es wesentlich, die Kriege »kurz und schonungslos« (D 184) zu führen. Das haben die Römer immer so gehalten, denn »gleich nach der Kriegserklärung« pflegten sie »mit ihren Heeren gegen den Feind auszurücken und sofort eine Schlacht zu schlagen«. Keine Methode, schließt Machiavelli hart, konnte »sicherer, erfolgreicher und vorteilhafter sein«, denn sie befähigt dich, mit deinem Gegner von einer Position der Stärke aus zu verhandeln sowie mit einem Minimum an Kosten auszukommen (D 184).

Nachdem er diese militärischen *ordini* umrissen hat, erwägt Machiavelli im weiteren eine Reihe ganz spezifischer Lehren hinsichtlich der Kriegsführung, die er aus einem Studium der römischen Errungenschaften glaubt ziehen zu können. Dieses Thema, das in Kap. 10 eingeführt wird, beschäftigt ihn über den ganzen restlichen Teil des zweiten Diskurses, um später einmal — in einem ausgefeilteren, aber im wesentlichen ähnlichen Stil — in den zentralen Abschnitten seiner Abhandlung über *Die Kriegskunst* wieder aufgenommen zu werden.

Es ist vielleicht ein Zeichen für den wachsenden Pessimismus Machiavellis hinsichtlich der Aussichten, die alte militärische *virtù* in der modernen Welt wiederzubeleben, daß alle seine Schlußfolgerungen in diesen Kapiteln in negativer Form präsentiert werden. Statt zu erwägen, welche Vorgehensweisen dazu dienen, *virtù* zu ermutigen und

Größe zu befördern, konzentriert er sich völlig auf diejenigen Taktiken und Strategien, die Fehler darstellen und infolgedessen »Tod und Untergang« statt Sieg bringen (D 228). Das Resultat ist eine lange Liste von Mahnungen und Warnungen. Es ist unklug, sich die verbreitete Maxime zu eigen zu machen, daß »Geld der Nerv des Krieges« sei (D 192ff). Es ist schädlich, »zweideutige Entschlüsse« oder »langsame und späte« zu treffen (D 206). Es ist vollkommen falsch anzunehmen, daß die Kriegsführung »sich ganz auf den Kampf mit Geschützen beschränken wird« (D 218). Es ist ohne Wert, Hilfs- oder Söldnertruppen zu verwenden — ein Argument, das, wie Machiavelli uns erinnert, er schon in einem anderen Werk »ausführlich behandelt« habe (D 229). Es ist in Kriegszeiten nutzlos und in Friedenszeiten geradezu schädlich, sich auf Festungen als das Hauptverteidigungssystem zu verlassen (D 242). Es ist gefährlich, es einem Bürger unmöglich zu machen, »befriedigende Genugtuung« zu erhalten (D 257), wenn er sich beleidigt oder geschädigt fühlt (D 257). Und es ist der schlimmste Fehler überhaupt, »jeden Vergleich abzulehnen« (D 255), wenn man von einem Gegner angegriffen wird, der einen an Macht übertrifft, um stattdessen zu versuchen, ihn trotz seiner Übermacht zu schlagen.

Der Grund, den Machiavelli für die Verurteilung dieser Praktiken angibt, ist in jedem Falle derselbe. Sie alle beruhen auf der fehlenden Einsicht, daß die Eigenschaft, die die eigenen Truppen vor allem haben müssen, wenn man bürgerlichen Ruhm erlangen will — und mit der man in den gegnerischen Truppen rechnen muß —, die der *virtù* ist, der Bereitschaft, alle Erwägungen der persönlichen Sicherheit und des Eigeninteresses beiseitezusetzen, um die Freiheiten des Vaterlandes zu verteidigen.

Einige der genannten Strategien beinhalten die Gefahr, eine außergewöhnliche *virtù* gegen die, die sie verfolgen, zu erwecken. Das ist zum Beispiel der Grund, warum es ein Fehler ist, sich auf Festungen zu verlassen. Die Sicherheit, die sie bieten, macht dich »geneigter und rücksichtsloser, das Volk zu unterdrücken«. Aber dies wiederum »macht es derart entschlossen zu deinem Sturz und entflammt es zu solcher Wut, daß die Festung, die Ursache derselben, dich nicht mehr schützen kann« (D 243f). Dasselbe gilt für die Weigerung, Unrecht zu bestrafen. Wenn sich ein Bürger tief beleidigt fühlt, entwickelt er unter Umständen aus seinem Gefühl der Kränkung heraus eine solche *virtù*, daß er zur Vergeltung eine Verzweiflungstat begeht, wie es im Falle des Pausanias geschah, der Philipp von Makedonien ermordete, weil dieser ihm die Rache versagt hatte, nachdem er entehrt worden war (D 257f).

Die Gefahr in anderen Fällen besteht darin, daß dein Geschick in die Hände von Leuten fallen kann, denen jedes *virtuoso* Interesse am Gemeinwohl fehlt. Das geschieht dann, wenn du zuläßt, daß politische Entscheidungen langsam oder halbherzig getroffen werden. Denn es kann im allgemeinen als sicher gelten, daß diejenigen, die eine Entscheidung verhindern wollen, von »ihrer Leidenschaft getrieben« werden und in Wirklichkeit »den Staat zugrunderichten« wollen (D 207). Dasselbe gilt von der Verwendung von Hilfs- oder Söldnertruppen. Da solche Truppen immer vollkommen korrupt sind, plündern sie gewöhnlich »nach dem Siege sowohl den aus, für den sie gefochten, als auch den, gegen den sie gefochten haben« (D 230).

Aber die gefährlichsten Mittel sind die, die darauf beruhen, daß man geradewegs die alles überragende Bedeutung der *virtù* in militärischen wie zivilen Angelegenheiten verkennt. Das ist der Grund, weshalb es verderblich ist, die Feinde nach ihrem Reichtum zu messen; was man messen sollte, ist offensichtlich ihre *virtù* — denn Kriege führt man mit Eisen und nicht mit Gold (D 193). Ebenso ist es, wenn man sich auf die Artillerie verläßt, um seine Kriege zu gewinnen. Machiavelli räumt natürlich ein, daß die Römer »ihre Eroberungen noch rascher gemacht hätten, wenn es damals schon Geschütze gegeben hätte« (D 217). Aber er beharrt auf der Ansicht, daß es ein kardinaler Irrtum sei zu glauben, »man könne wegen der Feuerwaffen nicht mehr solche *virtù* an den Tag legen wie in alter Zeit« (D 213). Er fährt deshalb fort, den etwas optimistischen Schluß zu ziehen, »daß die Artillerie nur in einem Heer von Nutzen ist, in dem auch die *virtù* der Alten lebendig ist, doch ohne diese *virtù* ist sie im Einsatz gegen ein *virtuoso* Heer völlig nutzlos« (D 220). Endlich erklären dieselben Erwägungen, warum es besonders gefährlich ist, Unterhandlungen angesichts überlegener Streitkräfte zu verweigern. Das heißt mehr erwarten, als realistischerweise selbst von den meisten *virtuosi* Truppen verlangt werden kann, und bedeutet damit, daß man das Ergebnis »der Laune *Fortunas*« anvertraut (D 255), was »kein kluger Mann ohne Not wagen wird«.

Wie in seinen beiden anderen Diskursen gibt der Überblick über die römische Geschichte Machiavelli das Stichwort, mit einem verzweifelten Vergleich zwischen der totalen Korruption seiner Heimatstadt und der exemplarischen *virtù* der alten Welt zu enden. Die Florentiner kannten »die von den Römern befolgte Methode« der Kriegführung und hätten leicht ihrem Beispiel folgen können (D 228). Aber in Wirklichkeit haben sie von den Methoden der

Römer keinerlei Notiz genommen und sind infolgedessen in jede nur denkbare Falle geraten (D 180). Die Römer verstanden vollkommen die Gefahren, die darin liegen, daß man unentschieden handelt. Aber die Herrscher von Florenz haben niemals diese offensichtliche Lehre aus der Geschichte gezogen, »zum Nachteil und zur Schande unserer Republik« (D 206). Die Römer haben immer die Nutzlosigkeit von Söldner- und Hilfstruppen erkannt. Aber die Florentiner werden immer noch, zusammen mit vielen anderen Republiken und Fürstentümern, völlig überflüssigerweise dadurch gedemütigt, daß sie sich auf diese korrupten und feigen Truppen verlassen (D 231). Die Römer sahen, daß es nur Ressentiment und Unsicherheit zur Folge haben würde, wenn sie, um sich ihrer Verbündeten zu versichern, eine Politik betrieben, die darin bestünde, »Festungen zu bauen, die Gewähr für deren Treue böten« (D 242). Im Gegensatz dazu führen in Florenz »die Gescheiten das Wort im Munde, man müßte Pisa und die anderen Städte mit ähnlicher Verfassung durch Festungen behaupten« (D 242). Schließlich, mit dem größten Schmerz, kommt Machiavelli zu dem Gambit, das er schon als das irrationalste überhaupt stigmatisiert hatte: nämlich die Unterhandlungen angesichts überlegener Truppen zu verweigern. Alle Zeugnisse der Alten Geschichte zeigen, daß dies heißt, *Fortuna* auf die leichtsinnigste Weise herauszufordern. Trotzdem ist dies genau das, was die Florentiner taten, als Ferdinands Truppen im Sommer 1512 in florentinisches Gebiet eindrangen. Sobald die Spanier die Grenzen überschritten, gerieten sie in eine Nahrungsmittelknappheit und versuchten, einen Waffenstillstand herbeizuführen: »Doch vermessen, wie das Volk von Florenz war, nahm es das Angebot nicht an« (D 254). Das unmittelbare

Resultat war die Plünderung Pratos, die Niederlage von Florenz, der Zusammenbruch der Republik und die Wiedererrichtung der Tyrannei der Medici — was man alles leicht hätte vermeiden können. Wie zuvor fühlt Machiavelli sich gedrängt, mit einem Ton beinahe verzweifelten Ärgers über die Torheiten des Regimes zu schließen, dem er selbst gedient hatte.

IV. Der Historiker der Stadt Florenz

Der Zweck der Geschichtsschreibung

Kurz nach der Vollendung der *Discorsi* brachte eine plötzliche Drehung des Rades der *Fortuna* Machiavelli endlich die Protektion, die er sich schon immer vom Regime der Medici gewünscht hatte. Lorenzo de' Medici, dem er den *Fürsten* nach dem Tod von Giuliano im Jahre 1516 umgewidmet hatte, starb unerwartet drei Jahre später. Ihm folgte in der Verwaltung der florentinischen Angelegenheiten sein Cousin, Kardinal Giulio, nach, der bald darauf als Clemens VII. zum Papst gewählt werden sollte. Der Kardinal war mit einem von Machiavellis engsten Freunden, Lorenzo Strozzi, verwandt, dem Machiavelli später die *Kriegskunst* widmete. Infolge dieser Verbindung glückte es Machiavelli im März 1520, eine Einführung am Hof der Medici zu erhalten. Bald danach erhielt er einen Hinweis, daß irgendeine Beschäftigung literarischer, wenn nicht gar diplomatischer Art für ihn gefunden werden könnte. Seine Erwartungen wurden auch nicht enttäuscht, denn im November desselben Jahres erhielt er einen formellen Auftrag von den Medici, die Geschichte von Florenz zu schreiben.

Die Abfassung der *Geschichte von Florenz* beschäftigte Machiavelli beinahe den Rest seines Lebens. Es ist sein längstes und mit der meisten Muße verfaßtes Werk wie auch dasjenige, in dem er den literarischen Vorschriften der von ihm am höchsten geschätzten klassischen Autoritäten mit der größten Sorgfalt folgt. Die beiden fundamentalen Glaubenssätze der klassischen — und von daher auch der humanistischen — Historiographie bestanden darin, daß Geschichtswerke moralische Lektionen einschärfen sollten und daß ihr Material deshalb auf eine Weise ausgewählt und organisiert werden sollte, die die eigentlichen Lektionen mit der größtmöglichen Kraft in den Mittelpunkt stellt. Sallust z. B. hatte eine einflußreiche Formulierung dieser beiden Prinzipien gegeben. In *Der Krieg mit Jugurtha* hatte er argumentiert, das Ziel des Historikers müsse sein, in nützlicher und brauchbarer Weise über die Vergangenheit nachzudenken. Und in der *Verschwörung des Catilina* zog er den Schluß, daß die korrekte Vorgehensweise deshalb darin bestehen müsse, »die Taten des römischen Volkes stückweise, wie jede des Gedächtnisses wert schien, zu beschreiben«, und nicht in dem Versuch, eine vollständige Chronik der Ereignisse zu geben.

Machiavelli ist eifrig bemüht, diesen beiden Forderungen zu genügen, was er insbesondere daran zeigt, wie er die verschiedenen Übergänge und Höhepunkte seiner Erzählung handhabt. Buch II zum Beispiel endet mit einem erbaulichen Bericht darüber, wie der Herzog von Athen im Jahre 1342 in Florenz als Alleinherrscher an die Macht gelangte und seine Herrschaft im Verlaufe des folgenden Jahres wieder verlor. Buch III geht dann beinahe direkt zu der nächsten bezeichnenden Episode über (der Revolte der Ciompi im Jahre 1378), nach einer bloßen Skizze des dazwischenliegenden halben Jahrhunderts. Ganz ähnlich schließt das Buch III mit einer Schilderung der Reaktion, die der Revolution vom Jahre 1378 folgt, und Buch IV beginnt nach einer Lücke von weiteren vierzig Jahren mit einer Diskussion der Frage, wie die Medici an die Macht gelangen konnten.

Ein weiterer Glaubenssatz der humanistischen Geschichtsschreibung war, daß der Historiker einen eindrucksvollen rhetorischen Stil beherrschen mußte, um die heilsamsten Lektionen auf die einprägsamste Weise vorzutragen. Wie Sallust am Beginn der *Verschwörung des Catalina* erklärt hatte, liegt die besondere Herausforderung der Geschichtsschreibung in der Tatsache, daß »man den Taten mit den Worten gleichkommen muß«. Machiavelli nahm dieses Ideal wiederum sehr ernst, und zwar so sehr, daß er sich im Sommer 1520 entschloß, ein stilistisches »Modell« für eine Historie zu verfassen, dessen Entwurf er unter seinen Freunden von den *Orti Oricellari* zirkulieren ließ, um sie zu Kommentaren über seine Vorgehensweise herauszufordern. Als sein Thema wählte er die Biographie Castruccio Castracanis, des Tyrannen von Lucca aus dem frühen 14. Jahrhundert. Aber die Details von Castruccios Leben — von denen Machiavelli einige schlichtweg erfindet — sind für ihn von geringerem Interesse als das Geschäft, sie auf erhabene und belehrende Weise auszuwählen und anzuordnen. Gleich zu Anfang die Beschreibung, wie Castruccio bei seiner Geburt ausgesetzt und dann gefunden wurde, ist rein fiktiv, aber sie bietet Machiavelli die Chance, eine große Deklamation über die Macht *Fortunas* im menschlichen Leben zu schreiben (II 113). Der Augenblick, da der junge Castruccio — der von einem Priester erzogen wurde — sich zuerst »mit Waffen zu beschäftigen beginnt«, gibt Machiavelli ganz ähnlich die Gelegenheit, eine Version der klassischen Debatte über die rivalisierenden Vorzüge von Literatur und Waffen zu präsentieren (II 116). Die Rede, die der reuevolle Tyrann im Augenblick seines Sterbens hält, steht wiederum in den besten Traditionen der antiken Historiographie (II 140). Und die Erzählung wird abgerundet mit zahlreichen Beispielen von Castruccios geistreichen Epigrammen, von denen die meisten in Wirklichkeit direkt aus Diogenes Laertius' *Leben der Philosophen* entwendet und schlicht um der rhetorischen Wirkung willen eingefügt sind (II 143 ff).

Als Machiavelli sein *Leben des Castruccio* seinen Freunden Alamanni und Buondelmonti zusandte, nahmen sie es ganz im Sinne einer Vorübung für das umfassende historische Werk auf, das Machiavelli damals zu schreiben gedachte. In seinem Antwortbrief vom September 1520 sprach Buondelmonti von dem *Leben des Castruccio* als einem »Modell für Eure Geschichte« und fügte hinzu, daß er es aus diesem Grunde für das Beste halte, das Manuskript »hauptsächlich vom Gesichtspunkt der Sprache und des Stils« zu kommentieren. Sein höchstes Lob spendete er den rhetorischen Höhenflügen, und er sagt, daß er die erfundene Totenbettrede »mehr als alles andere« genossen habe. Er ließ Machiavelli wissen, was dieser gewiß mehr als alles andere hören wollte, als er sich anschickte, sich auf dieses neue literarische Feld zu begeben: »Es scheint uns allen, daß Ihr Euch nun an die Arbeit machen solltet, Eure *Geschichte* mit aller Sorgfalt zu schreiben« (*Lettere*, 394 f).

Als sich Machiavelli pflichtschuldigst einige Monate später daranmachte, seine *Geschichte* zu verfassen, wurden diese stilistischen Mittel kunstvoll eingesetzt. Kein Werk Machiavellis ist aphoristischer und antithetischer geschrieben als dieses, alle wichtigen Themen seiner politischen Theorie erscheinen nun in rhetorischer Verkleidung. In Buch II zum Beispiel läßt Machiavelli einen der *signori* dem Herzog von Athen mit einer leidenschaftlichen Rede über »den Namen der Freiheit« gegenübertreten, den »keine Gewalt unterdrückt, keine Zeit verwischt, kein Verdienst aufwiegt« (IV 129). Im nächsten Buch hält einer der gewöhnlichen Bürger eine ähnlich hochtrabende Rede an die *signori* über das Thema *virtù* und Korruption und über die Verpflichtung jedes Bürgers, jederzeit dem allgemeinen Interesse zu dienen (IV 156). Und in Buch V versucht Rinaldo degli Albizzi die Hilfe des Herzogs von Mailand gegen die wachsende Macht der Medici mit einer weiteren Deklamation über *virtù*, Korruption und die patriotische Pflicht, seinem Vaterland die Treue zu halten, »das alle seine Bürger gleich liebt, nicht das, welches mit Hintansetzen aller übrigen wenige vergöttert« (II 281), zu gewinnen.

Die wichtigste Vorschrift endlich, die die Humanisten von ihren klassischen Autoritäten lernten, war die, daß der Historiker seine Aufmerksamkeit auf die bewunderungswürdigsten Errungenschaften unserer Vorfahren richten müsse, um uns dadurch zu ermutigen, ihren edelsten und ruhmreichsten Taten nachzueifern. Obgleich die großen römischen Historiker eher zum Pessimismus geneigt und sich häufig über den wachsenden Sittenverfall in der Welt verbreitet hatten, hatte sie dies gewöhnlich dazu veranlaßt, nur um so heftiger auf der Verpflichtung der Historiker zu beharren, uns an bessere Zeiten zu erinnern. Wie Sallust in *Der Krieg mit Jugurtha* erklärt, können wir nur dadurch, daß wir die Erinnerung an große Taten wachhalten, hoffen, in den Herzen der Edlen die Art von Ehrgeiz zu entzünden, die nicht unterdrückt werden kann, bis sie durch ihre eigene *virtus* dem Ruf und Ruhm ihrer Vorväter gleichgekommen sind. Obendrein war es dies Gefühl für die panegyrische Qualität der Aufgabe des Historikers, das die Humanisten der Renaissance hauptsächlich aus ihrem Studium von Livius, Sallust und deren Zeitgenossen mitnahmen. Das läßt sich z. B. deutlich erkennen in der Widmung der *Geschichte des florentinischen Volkes*, die der Kanzler Poggio Bracciolini in den fünfziger Jahren des 15. Jahrhunderts vollendete. Darin wird die Absicht einer wirklich wahren Geschichtsschreibung dargestellt und ihr großer Nutzen in der Tatsache gesehen, daß wir »fähig sind zu beobachten, was durch die *virtus* der hervorragendsten Männer erreicht werden kann«. Wir sehen, wie sie angeregt werden durch einen Wunsch nach »Ruhm, nach der Freiheit ihres Landes, nach dem Wohlergehen ihrer Kinder, der Götter und aller menschlichen Dinge«. Und wir finden uns selbst so sehr aufgewühlt durch ihr wundervolles Beispiel, daß wir uns selbst durch sie »gleichsam angespornt fühlen, mit ihrer Größe zu wetteifern«.

Es kann kein Zweifel bestehen, daß sich Machiavelli dieses weiteren Aspekts der humanistischen Historiographie vollkommen bewußt war, denn er verweist selbst bewundernd auf Poggios Arbeit im Vorwort zu seiner eigenen *Geschichte* (IV 5). Aber an diesem Punkt — nachdem er der Vorgehensweise der Humanisten mit solcher Genauigkeit gefolgt ist — erschüttert er plötzlich die Erwartungen, die er aufgebaut hat. Zu Beginn von Buch V, wo er sich der Prüfung der Geschichte von Florenz während des vorangegangenen Jahrhunderts zuwendet, kündigt er an, daß man »die Taten unserer Fürsten außen und zu Hause nicht wie die Taten der Alten mit Bewunderung für ihre *virtù* und Größe« lesen wird. Es ist einfach nicht möglich, »vom Mute der Soldaten, von der *virtù* des Feldherrn, von der Vaterlandsliebe des Bürgers« zu erzählen. Wir können nur von einer zunehmend verderbten Welt berichten, in der wir sehen, »mit welchen Täuschungen, mit welchen Listen und Künsten die Fürsten, die Soldaten und die Häupter der Republiken handelten, um sich ein Ansehen zu erhalten, das sie nicht verdienten«. Machiavelli bringt also eine komplette Umkehrung der vorherrschenden Annahmen über die Zwecke der Geschichtsschreibung zuwege: Statt eine Geschichte zu erzählen, die »die hochherzigen Geister zur Nachahmung entflammt«, hofft er, sie »zur Vermeidung und Ausrottung« gegenwärtigen Mißbrauchs anzustacheln (IV 270).

Die gesamte *Geschichte von Florenz* ist auf diese Weise um das Thema Niedergang und Verfall herum organisiert. Buch I beschreibt den Zusammenbruch des Römischen Reiches im Westen und den Einfall der Barbaren in Italien. Das Ende von Buch I und der Anfang von Buch II berichten dann, wie sich »doch so große *virtù* in einigen der neuen Republiken und Reiche, die aus den römischen Trümmern entstanden«, erhob, daß sie »Italien von den Barbaren befreiten und gegen dieselben verteidigten« (IV 269). Aber nach dieser kurzen Periode eines bescheidenen Erfolgs stellt Machiavelli das weitere — von der Mitte des zweiten Buches bis zum Ende des achten Buches, wo er die Erzählung mit den 1490er Jahren zum Abschluß bringt — als eine Geschichte der fortschreitenden Verderbnis und des Zusammenbruchs dar. Der Tiefpunkt ist 1494 erreicht, als die letzte Demütigung erfolgte: »Man wird dort sehen, daß am Ende von neuem den Barbaren der Weg geöffnet und Italien unter ihre Botmäßigkeit zurückgebracht wurde« (IV 270).

Niedergang und Zusammenbruch von Florenz

Das alles beherrschende Thema der *Geschichte von Florenz* ist die Sittenverderbnis: Machiavelli beschreibt, wie ihr bösartiger Einfluß Florenz ergriff, seine Freiheit erstickte und die Stadt schließlich unter Tyrannei und Schande brachte. Wie in den *Discorsi* — an die er sich eng hält — sieht er zwei Hauptgebiete, in denen der Geist der Sittenverderbnis zu entstehen pflegt; und nachdem er im Vorwort einen Unterschied zwischen ihnen gemacht hat, greift er auf sie zurück, um das Ganze seiner Darstellung zu organisieren. Erstens gibt es eine stete Gefahr der Sittenverderbnis in der Handhabung der Außenpolitik, deren Hauptsymptom eine Tendenz ist, die militärischen Angelegenheiten mit wachsender Unentschiedenheit und Feigheit zu führen. Und zweitens gibt es eine ähnliche Gefahr im Verhältnis zu den Dingen, »die zu Hause geschehen«, wo das Anwachsen der Sittenverderbnis sich hauptsächlich in der Form der »bürgerlichen Zwietracht und der inneren Feindschaften« widerspiegelt (IV 5).

Machiavelli nimmt die erste dieser Fragen in den Büchern V und VI auf, in denen er sich hauptsächlich mit der Geschichte von Florenz' äußeren Angelegenheiten befaßt. Freilich unternimmt er es nicht — wie er es schon in den *Discorsi* getan hatte —, eine detaillierte Analyse der strategischen Fehlkalkulationen und Irrtümer der Stadt zu liefern. Er begnügt sich damit, eine Reihe spöttischer Illustrationen der militärischen Inkompetenz der Florentiner zu geben. Das ermöglicht es ihm, die übliche Form humanistischer Geschichtsbücher beizubehalten — in denen es immer sorgfältige Schilderungen bemerkenswerter Schlachten gab — und gleichzeitig ihren Inhalt zu parodieren. Denn die Pointe in Machiavellis sorgfältig geplanten militärischen Operationen ist, daß alle Zusammentreffen, die er schildert, vollkommen lächerlich sind und überhaupt nicht martialisch oder glorreich. Wenn er z. B. über die große Schlacht von Zagonara schreibt, die im Jahre 1424 zu Beginn des Krieges gegen Mailand ausgefochten wurde, bemerkt er zunächst, daß dies zu jener Zeit als eine massive Niederlage Florenz' angesehen wurde und »durch ganz Italien gepriesen wurde«. Er fügt dann hinzu, daß niemand bei dieser Aktion starb außer drei Florentinern, »die vom Pferd gestürzt im Kot erstickten« (IV 218). Später läßt er die gleiche satirische Behandlung dem berühmten, von den Florentinern errungenen Sieg bei Anghiari im Jahre 1440 zuteil werden. In diesem ganzen langen Kampf, bemerkt er, »blieb nur ein einziger Mann, der nicht an Wunden oder sonst durch einen kräftigen Streich, sondern vom Pferd gefallen und zertreten den Geist aufgab« (IV 333), auf der Strecke.

Der Rest der *Geschichte* ist der unglücklichen Erzählung des wachsenden Sittenverfalls von Florenz im Innern gewidmet. Als sich Machiavelli diesem Thema zu Beginn des dritten Buches zuwendet, macht er zunächst klar, daß er, wenn er von Sittenverderbnis im Innern spricht, vor allem — wie in den *Discorsi* — die Tendenz bürgerlicher Gesetze und Institutionen vor Augen hat, nicht für den »gemeinschaftlichen Nutzen«, sondern eher für den individuellen oder parteiischen Vorteil geplant zu sein (IV 51). Er kritisiert seine großen Vorgänger, Bruni und Poggio, weil sie dieser Gefahr in ihren Geschichtswerken über Florenz nicht die nötige Aufmerksamkeit geschenkt hätten (IV 5). Und er rechtfertigt seine eigene intensive Beschäftigung mit diesem Thema, indem er darauf besteht, daß die

Feindseligkeiten, die dann aufkommen, wenn eine Gemeinschaft ihre *virtù* auf diese Weise verliert, »die Ursache aller Übel« sind, »die in den Städten entstehen«, wie der traurige Fall Florenz' hinreichend beweist (IV 150).

Machiavelli räumt zunächst ein, daß es immer und in jeder Stadt eine »heftige natürliche Feindschaft zwischen Volk und Adel« gebe, deren Grund darin liege, »daß dieser (sc. der Adel) befehlen, jenes (sc. das Volk) nicht gehorchen will« (IV 150). Wie in den *Discorsi* ist er weit davon entfernt anzunehmen, daß alle derartigen Feindseligkeiten vermieden werden sollten. Er wiederholt seine frühere Behauptung, »daß einige Spaltungen den Republiken schaden, einige nützen. Die schaden, welche von Sekten und Parteigängern begleitet sind, die nutzen, die sich frei von Sekten und Parteigängern halten«. Deshalb sollte das Ziel eines klugen Gesetzgebers nicht darin bestehen zu »verhüten, daß es Feindschaften in ihr (sc. der Republik) gibt«; er sollte nur dafür sorgen, daß es keine Splittergruppen gibt, die aus den unvermeidlich auftretenden Feindschaften hervorgehen (IV 408).

In Florenz sind die Feindschaften, die sich entwickelt haben, freilich immer die von Splittergruppen gewesen (IV 409). Infolgedessen ist die Stadt eine jener unglückseligen Gemeinschaften gewesen, die dazu verurteilt waren, sich zwischen zwei gleichermaßen ruinösen Polen hin und her zu bewegen, weil sie ihre Regierungen und Verfassungen nicht so sehr »durch die Freiheit und Knechtschaft«, sondern vielmehr »durch die Knechtschaft und Zügellosigkeit« ändern (IV 211). Das Volk ist der »Diener der Zügellosigkeit« gewesen, während der Adel »Diener der Knechtschaft« war. Die hilflose Stadt ist infolgedessen »von der Tyrannei zur Anarchie und umgekehrt« getaumelt, weil beide Regierungsformen so mächtige Feinde hatten, daß keine beständig sein konnte (IV 212).

In den Augen Machiavellis erscheint so die innere Geschichte von Florenz seit dem 13. Jahrhundert als eine Reihe von hektischen Bewegungen zwischen diesen beiden Extremen, in deren Verlauf die Stadt und ihre Freiheiten schließlich in Stücke geschlagen wurden. Buch II beginnt mit dem Anfang des 14. Jahrhunderts, als der Adel an der Macht war. Dies führte direkt zur Tyrannei des Herzogs von Athen im Jahre 1342, als die Bürger »die Hoheit ihres Staates gestürzt, die Einrichtungen zerstört, die Gesetze abgeschafft« sahen (IV 134). Sie wandten sich dementsprechend gegen den Tyrannen, und es gelang ihnen, ihre eigene Volksregierung einzusetzen. Aber wie Machiavelli im Buch III weiter berichtet, degenerierte diese wiederum bis zur Zügellosigkeit, als es der »entfesselten Menge« (IV 180) gelang, sich im Jahre 1378 der Republik zu bemächtigen (IV 178 ff). Danach schwang das Pendel wieder zurück zu den »adligen Volksmännern« (IV 213), und um die Mitte des 15. Jahrhunderts versuchten diese wiederum, die Freiheiten des Volkes zu beschneiden, wodurch sie eine neue Form einer tyrannischen Regierung ermutigten (IV 212).

Es ist wahr, daß Machiavelli, als er diese letzte Phase seines Berichts in den Büchern VII und VIII erreicht, beginnt, sein Argument in einer vorsichtigeren und weniger direkten Weise zu präsentieren. Sein zentrales Thema ist unausweichlich der Aufstieg der Medici, und er hat offensichtlich das Gefühl, der Tatsache Rechnung tragen zu müssen, daß es eben dieselbe Familie war, die es ihm ermöglicht hat, seine *Geschichte* zu schreiben. Während er sich beträchtliche Mühe gibt, seine Feindseligkeit zu verbergen, ist es doch ziemlich einfach, seine wahren Gefühle gegenüber dem Mediceischen Beitrag zur florentinischen Geschichte aufzudecken, wenn wir einfach bestimmte Abschnitte seines Gedankengangs, die er sorgfältig voneinander trennt, zusammenfügen.

Buch VII beginnt mit einer allgemeinen Diskussion der hinterhältigsten Mittel, mit denen ein führender Bürger hoffen kann, die Bevölkerung in solcher Weise zu korrumpieren, daß daraus trennende Parteien entstehen und er sich selbst absolute Macht erwerben kann. Diese Frage war schon ausführlich in den *Discorsi* abgehandelt worden, und Machiavelli begnügt sich weitgehend mit einer Wiederholung seiner früheren Argumente. Die größte Gefahr bestehe darin, den Reichen zu erlauben, ihren Reichtum dazu zu verwenden, Parteigänger zu gewinnen, »die wegen ihres eigenen Nutzens ihnen Gefolgschaft leisten«, statt dem öffentlichen Nutzen zu folgen. Er fügt hinzu, daß es im wesentlichen zwei Methoden gibt, durch die das erreicht werden kann. Die eine besteht darin, daß »man diesem und jenem Bürger Gutes tut, ihn vor der Obrigkeit schützt, ihn mit Geld unterstützt, ihn unverdient zu Ämtern befördert«. Die andere besteht darin, daß »man sich durch öffentliche Spiele und Geschenke bei der Menge beliebt macht«, indem man versucht, durch Prunkentfaltung falsche Popularität zu gewinnen und das Volk zu verführen, sich seiner Freiheiten zu entäußern (IV 408).

Wenn wir uns mit dieser Analyse vor Augen den beiden letzten Büchern der *Geschichte* zuwenden, so ist es nicht schwer, den Ton der Abneigung zu entdecken, der bei Machiavellis überschwenglichen Beschreibungen der Abfolge Mediceischer Regierungen mitschwingt. Er beginnt mit Cosimo, den er im fünften Kapitel von Buch VII mit einer erlesenen Lobrede bedenkt, worin er ihn besonders deswegen rühmt, weil er »jeden anderen seiner Zeit nicht allein an Autorität und Reichtum, sondern auch an Freigebigkeit« übertraf (IV 415). Es wird kurz darauf freilich klar, daß Machiavelli dabei die Tatsache vor Augen hatte, daß es zum Zeitpunkt seines Todes keinen Bürger gab, »der in der Stadt irgend einen Rang hatte, dem Cosimo nicht eine bedeutende Geldsumme geliehen« hatte (IV 145). Und auf die finsteren Implikationen solcher bemühten Freigebigkeit ist schon hingewiesen worden. Danach geht Machiavelli weiter zu der kurzen Laufbahn von Cosimos Sohn Piero de' Medici. Zunächst wird er als »gut und ehrenwert« bezeichnet, aber wir hören bald darauf, daß sein Sinn für Ehre ihn bewog, eine Reihe ritterlicher Turniere und andere Festlichkeiten abzuhalten, die »von solchem Pomp und so prächtig« waren, daß die Stadt mit der Vorbereitung und Feier »mehrere Monate beschäftigt war« (IV 428). Wie im vorigen Falle sind wir schon gewarnt vor dem schädlichen Einfluß solcher marktschreierischer Anbiederungen an die Massen. Als Machiavelli schließlich zu den Jahren Lorenzo de' Medicis — und damit zu der Periode seiner eigenen Jugend — kommt, gibt er sich kaum noch Mühe, den steigenden Ton der Antipathie zu unterdrücken. Zu diesem Zeitpunkt, erklärt er, hatten »die *Fortuna* und die Freigebigkeit« der Medici ihr verderbliches Werk so entschieden vollendet, daß das Volk auch nur der Vorstellung gegenüber, die Tyrannei der Medici abzuwerfen, taub geworden war, weshalb die Freiheit in Florenz »unbekannt« war (IV 481).

Das endgültige Scheitern

Trotz Florenz' Rückfall in die Tyrannei, trotz der Rückkehr der Barbaren glaubte sich Machiavelli noch mit der Überlegung trösten zu können, daß Italien von der schlimmsten Erniedrigung verschont geblieben war. Obwohl von den Barbaren erobert, war keine von Italiens größten Städten vernichtet worden. Wie er in der *Kriegskunst* bemerkt, mag Tortona geplündert worden sein, »aber nicht Mailand, Capua, aber nicht Neapel, Brescia, aber nicht Venedig«, und schließlich und am bezeichnendsten »Ravenna, aber nicht Rom«.

Machiavelli hätte eigentlich wissen müssen, daß man *Fortuna* mit solchen vermessenen Gefühlen nicht in Versuchung führen darf. Denn im Mai 1527 geschah das Undenkbare. Während des vorangegangenen Jahres war Franz I. hinterhältigerweise einer Liga beigetreten, um die Besitzungen in Italien wiederzugewinnen, die er nach seiner vernichtenden Niederlage durch die kaiserlichen Truppen im Jahre 1525 hatte abtreten müssen. Als Antwort auf diese erneute Herausforderung befahl Karl V. im Frühjahr des Jahres 1527 seine Truppen zurück nach Italien. Aber die Truppen waren ohne Sold und ohne Disziplin, und anstatt irgendwelche militärischen Ziele anzugreifen, rückten sie direkt auf Rom vor. Nachdem sie am 6. Mai in die unverteidigte Stadt eingerückt waren, plünderten sie sie im Zuge eines viertägigen Massakers, das die gesamte christliche Welt erstaunte und entsetzte.

Mit dem Fall Roms mußte Clemens VII. um sein Leben fürchten und fliehen. Und mit dem Verlust des päpstlichen Rückhalts brach die zunehmend unpopulärer werdende Regierung der Medici unmittelbar zusammen. Am 16. Mai trat der städtische Rat zusammen, um die Wiederherstellung der Republik zu verkünden, und am folgenden Morgen ritten die jungen Medici-Prinzen aus der Stadt und ins Exil.

Für Machiavelli mit seinen unerschütterlich republikanischen Sympathien hätte die Wiederherstellung der freien Regierung in Florenz ein Moment des Triumphes sein müssen. Aber angesichts seiner Verbindungen mit den Medici, die während der letzten sechs Jahre sein Gehalt gezahlt hatten, muß er der jüngeren Generation von Republikanern als nicht mehr denn als ein alternder und unbedeutender Anhänger der diskreditierten Tyrannei erschienen sein. Obgleich er einige Hoffnungen genährt zu haben scheint, seine alte Stellung in der zweiten Kanzlei wiederzugewinnen, bestand im Ernst keine Chance für ihn, in der neuen anti-Mediceischen Regierung einen Posten zu erhalten.

Die Ironie von all dem scheint Machiavellis Mut gebrochen zu haben, und bald danach zog er sich eine Krankheit zu, von der er sich nie wieder erholte. Die Geschichte, daß er einen Beichtvater an sein Sterbebett rief, um ihm eine letzte Beichte abzulegen, haben die meisten Biographen wiederholt, aber es handelt sich dabei unzweifelhaft um eine fromme Erfindung einer späteren Zeit. Machiavelli hatte die Tätigkeiten der Kirche sein ganzes Leben über mit Verachtung betrachtet, und es gibt keinen Beweis dafür, daß er seine Meinung angesichts des Todes änderte. Er starb am 21. Juni inmitten seiner Familie und seiner Freunde und wurde am folgenden Tag in Santa Croce beerdigt.

* * *

Mehr als bei irgendeinem anderen politischen Denker hat sich im Falle Machiavellis die Versuchung, ihn über das Grab hinaus zu verfolgen, damit zu schließen, daß man seine Philosophie zusammenfaßt und über sie zu Gericht sitzt, im allgemeinen als unwiderstehlich erwiesen. Der Prozeß begann unmittelbar nach seinem Tode und setzt sich fort bis zum heutigen Tag. Einige von Machiavellis frühesten Kritikern, wie etwa Francis Bacon, waren fähig einzuräumen: »Wir sind Machiavelli und anderen sehr verpflichtet, die schreiben, was Menschen tun, und nicht, was sie tun sollten«. Aber die Mehrheit von Machiavellis ursprünglichen Lesern war so geschockt durch seine Art, die Dinge zu betrachten, daß sie ihn einfach als ein Geschöpf des Teufels brandmarkten oder sogar als »Old Nick«, den Teufel höchstpersönlich, bezeichneten. Im Gegensatz dazu hat die überwiegende Mehrheit seiner modernen Kommentatoren selbst seine anstößigsten Lehren mit weltmännischer Miene zur Kenntnis genommen. Aber einige von ihnen, besonders Leo Strauss und seine Schüler, haben unnachgiebig an der traditionellen Ansicht festgehalten, daß Machiavelli (wie Strauss es ausdrückt), nur als ein »Lehrer des Bösen« charakterisiert werden könne.

Das Geschäft des Historikers ist es freilich nicht zu richten, sondern zu berichten. Dementsprechend habe ich mich auf den vorausgegangen Seiten bemüht, nichts anderes zu tun als die Vergangenheit wiederzuentdecken und der Gegenwart vor Augen zu stellen, ohne den Versuch zu machen, die begrenzten und anfechtbaren Maßstäbe der Gegenwart zu Lob und Tadel der Vergangenheit zu verwenden. Wie die Inschrift auf Machiavellis Grabstein uns stolz erinnert: Tanto nomini nullum par elogium — Kein Lob ist solchem Namen ebenbürtig.

Anhang

Quellennachweise

Im Folgenden sind mit Angabe der jeweiligen Seite im Text die Schriften aufgeführt, aus denen andere Autoren außer Machiavelli zitiert werden.

18 f Bernardo Machiavelli, Libro di Ricordi (Tagebuch). Hg. von C. Olschki, Florenz 1954, S. 11, 31, 35, 58, 88, 123, 138
19 Giovio, Elogia veris clarorum virorum imaginibus apposita (Maximen), Venedig 1546, S. 55 b
47 Seneca, Ad Lucilium epistolae morales, Brief LXXIV, Abschnitt 7
47 f Livius, Ab urbe condita (Römische Geschichte), Buch XXX, Abschnitt xxx
Sallust, Die Verschwörung des Catilina, XI. 2
48 Cicero, De officiis, I.32.116; II.12.42; II.14.48
49 Boëthius, Philosophiae consolationis (Trost der Philosophie), Buch II, Abschnitte 1, 4, 7; Buch III, Abschnitt 9
51 ff Piccolomini, Somnium de Fortuna (Ein Traum von Fortuna). In: Opera Omnia, Basel 1551, S. 616
58 f Landucci, A Florentine Diary from 1450 to 1516. Übers. von A. Jervis, London 1927, S. 218
62 Pontano, De Principe (Der Fürst). In: Prosatori Latini del quattrocento. Hg. von E. Garin, Mailand (o. J.), S. 1042-1044

- 63 Whitfield, Machiavelli, Oxford 1947, S. 105
- 64 Cicero, De officiis, II.3.9-10; III.3.11
- 70 Ebenda, I.13.41
- 75f Ebenda, II.12.43
- 77f Ebenda, II.17.58; II.22.77
- 78 Seneca, De clementia, I.13.4-5; I.14.1; II.2.3
- 79 Cicero, De officiis, II.7.23
- 81 Ebenda, I.28.98
- 92f Ebenda, III.10.41
- 111 Guicciardini, Considerations on the ›Discourses‹ of Machiavelli (Betrachtungen über die Discorsi). In: Selected Writings. Übers. und hg. von C. und N. Grayson, London 1965, S. 68
- 130 Sallust, Catilina, IV.2; Der Krieg gegen Jugurtha, IV.1-3
- 131 Sallust, Catilina, III.2
- 133 Sallust, Jugurtha, IV.6
- 134 Bracciolini, Historiae Florentini populi (Geschichte des florentinischen Volkes). In: Opera omnia. Hg. von R. Fubini, Turin 1964, Bd. 2, S. 91-94
- 144 Bacon, The Advancement of Learning. Hg. von G. Kitchen, London 1973, S. 165
  Strauss, Thoughts on Machiavelli, Glencoe/Ill. 1958, S. 9

Literaturhinweise

Neben den Ausgaben von Schriften Machiavellis, aus denen im Text zitiert wird, sind hier einige ausgewählte Bücher, die zur weiterführenden Lektüre geeignet erscheinen, aufgeführt. Eine ausführliche Bibliographie findet sich in Herfried Münklers Arbeit (s. u.), die für die vertiefte Beschäftigung mit Machiavelli neben der Lektüre der Primärtexte in erster Linie zu empfehlen ist.

Schriften Machiavellis

Der Fürst. Übers. von Ernst Merian-Genast, Stuttgart 1961 (RUB 1218/19)

Discorsi. Gedanken über Politik und Staatsführung. Übers. von Rudolf Zorn. 2. Auflage, Stuttgart 1977 (KTA 377)

Gesammelte Schriften in fünf Bänden. Unter Zugrundelegung der Übersetzungen von Johann Ziegler und Franz Nicolaus Baur hg. von Hanns Floerke, Stuttgart 1925

Sämmtliche Schriften. Übers. von Johannes Ziegler. 8 Bde, Karlsruhe 1831-1841

Ghiribizzi (Kaprizen). In: R. Ridolfi und P. Ghiglieri, I Ghiribizzi al Soderini. In: La Bibliofilia 72 (1970), S. 71-74

Legazioni e commissarie (Gesandtschaftsberichte). Hg. von S. Bertelli. 3 Bde, Mailand 1964

Lettere (Briefe). Hg. von F. Gaeta, Mailand 1961

Band V der Gesammelten Schriften enthält eine Auswahl aus Machiavellis Korrespondenz. In Band III sind seine Gesandtschaftsberichte, in Band IV ist seine *Geschichte von Florenz* enthalten.

Biographien

Standardwerk zur Biographie Machiavellis ist R. Ridolfi, *The Life of Niccoló Machiavelli*. Übers. von C. Grayson, London 1963.

Einen kürzeren Abriß der Lebensgeschichte, vor allem interessant wegen der Darstellung von Machiavellis diplomatischer Karriere, bietet J. R. Hale, *Machiavelli and Renaissance Italy*, London 1961.

Über Leben und Werk liegt zur ersten Information außerdem vor E. Barincou, *Niccoló Machiavelli mit Selbstzeugnissen und Bilddokumenten*, Reinbek 1958.

Politischer Hintergrund

U. Rubinstein, *The Government of Florence under the Medici 1434-1494*, Oxford 1966, ist die beste Darstellung des Aufstiegs der Medici.

Über den Zeitabschnitt, in dem Machiavelli öffentliche Ämter innehatte, gibt Aufschluß H. C. Butters, *Governors and Government in Early Sixtienth Century Florence 1502-1519*, Oxford 1985.

Intellektueller Hintergrund

Einen Überblick über das intellektuelle Leben der Epoche auf neuestem Stand gibt *The Cambridge History of Renaissance Philosophy*. Hg. von Ch. B. Schmitt, E. Kerster und Qu. Skinner, Cambridge 1988.

Die gesammelten Essays von P. O. Kristeller, *Renaissance Thought*. 2 Bde, New York 1961/65 (dt. Teilübers. in: *Humanismus und Renaissance*, München 1974), sind unverzichtbar für das Verständnis des Renaissance-Humanismus.

Der erste Band von Qu. Skinner, *The Foundations of Modern Political Thought*. 2 Bde, Cambridge 1978, gibt einen Abriß der politischen Philosophie der Renaissance.

Als klassische Studie, die insbesondere den Hintergrund der humanistischen politischen Theorie in Florenz herausarbeitet, gilt H. Baron, *The Crisis of the Early Italian Renaissance*, Princeton/N. J. 1966.

Untersuchungen über Machiavellis politische Philosophie

Die beste und umfassendste Studie zu diesem Thema in deutscher Sprache ist H. Münkler, *Machiavelli. Die Begründung des politischen Denkens der Neuzeit aus der Krise der Republik Florenz*, Frankfurt/M. 1984.

F. Gilbert, *Machiavelli and Guicciardini*. Überarb. Ausgabe, New York 1984, ist eine herausragende allgemeine Darstellung von Machiavellis Denken im intellektuellen und politischen Kontext seiner Zeit.

Der erste Teil von J. G. A. Pocock, *The Machiavellian Moment*, Princeton/N. J. 1975, beleuchtet die republikanische Tradition von Florenz und ist besonders wertvoll im Hinblick auf die »Discorsi«.

Hingewiesen sei außerdem auf H. Freyer, *Machiavelli*, Neuausgabe, Weinheim 1986 (mit einem Nachwort von E. Üner, in dem Freyers Sicht auf Machiavelli erläutert wird), und R. König, *Machiavelli. Zur Krisenanalyse einer Zeitwende*. Neuausgabe, München 1979 (kontrovers zu Freyers Buch angelegt).

E. Cassirer, *Der Mythus des Staates*, 2. Auflage, Zürich/München 1978 (über Machiavelli im zweiten Kapitel, »Der Kampf gegen den Mythus in der Geschichte der politischen Theorie«, S. 153-213).

Machiavellis Wirkungsgeschichte

Die große Studie zu diesem Thema ist F. Meinecke, *Die Idee der Staatsräson in der neueren Geschichte*, München 1924

Zu Machiavellis Rezeption in England s. Felix Raab, *The English Face of Machiavelli*, London 1964

Danksagung

Ich bin Keith Thomas sehr dankbar für den Vorschlag, dieses Buch zu seiner Reihe beizusteuern, und Henry Hardy von der Oxford University Press für seine unermüdliche Geduld sowie für vielerlei Hilfe und Ermutigung. Außerdem bin ich beiden sehr dankbar für die Durchsicht meines Manuskriptes und die Anregung, es an vielen Stellen zu verbessern. Mein Dank gilt außerdem der Cambridge University Press für die Erlaubnis, verschiedene Formulierungen aus den Kapiteln über die politische Philosophie der Renaissance in Band I meines Buches *The Foundations of Modern Political Thought* wieder zu verwenden. Meine größte Dankesschuld schließlich besteht gegenüber John Dunn, Susan James und J. G. A. Pocock, die mein Manuskript mit größter Sorgfalt gelesen und mit mir in jeder Phase seiner Entstehung diskutiert haben, für die zahlreichen wertvollen Hinweise und die Hilfe, die sie mir in vielfacher anderer Weise gewährt haben.

Quentin Skinner ist Professor für politische Wissenschaft an der Universität Cambridge und Fellow am Christ's College. Sein Buch *The Foundations of Modern Political Thought*, erschienen in zwei Bänden im Jahre 1978, erhielt einen Wolfson Literary Award.

In der Reihe *zur Einführung* bisher erschienen:

Alfred Adler von Detlef Horster · **Adorno** von Willem van Reijen · **Althusser** von Klaus Thieme · **Günther Anders** von Konrad Liessmann · **Karl-Otto Apel** von Walter Reese-Schäfer · **Roland Barthes** von Gabriele Röttger-Denker · **Benjamin** von Burghart Schmidt · **Bergson** von Gilles Deleuze · **Bloch** von Detlef Horster · **Brecht** von Helmut Fahrenbach · **Derrida** von Heinz Kimmerle · **Foucault** von Hinrich Fink-Eitel · **Paulo Freire** von Dimas Figueroa · **Freud** von Hans-Martin Lohmann · **Friedlaender/ Mynona** von Peter Cardorff · **Erich Fromm** von Helmut Wehr · **Habermas** von Detlef Horster · **Horkheimer** von Willem van Reijen · **Alexandra Kollontai** von Gabriele Raether · **Kropotkin** von Heinz Hug · **Lacan** von Gerda Pagel · **Gustav Landauer** von Siegbert Wolf · **Karl Liebknecht** von Ossip K. Flechtheim · **Rosa Luxemburg** von Ossip K. Flechtheim · **Lyotard** von Walter Reese-Schäfer · **Machiavelli** von Quentin Skinner · **Herbert Marcuse** von Hauke Brunkhorst / Gertrud Koch · **Marx** von Ossip K. Flechtheim / Hans-Martin Lohmann · **George Herbert Mead** von Harald Wenzel · **Montaigne** von Peter Burke · **Franz Neumann** von Alfons Söllner · **Nietzsche** von Wiebrecht Ries · **Wilhelm Reich** von Martin Konitzer · **Karl Renner** von Anton Pelinka · **Otto Rühle** von Henry Jacoby / Ingrid Herbst · **Sartre** von Martin Suhr · **Georg Simmel** von Werner Jung · **Sohn-Rethel** von Steffen Kratz · **Sorel** von Larry Portis · **Manès Sperber** von Alfred Paffenholz · **Trotzki** von Heinz Abosch · **Max Weber** von Volker Heins · **Simone Weil** von Heinz Abosch · **Wittgenstein** von Chris Bezzel

JUNIUS

Detlef Horster
**Bloch
zur Einführung**
120 Seiten, DM 11,80
ISBN 3-88506-801-X

»In einer elementaren, didaktisch genau durchdachten und alles Wesentliche herausarbeitenden Weise hat Horster mit dieser kleinen Schrift einen Beitrag zu einem politischen Grundthema Blochs geleistet: daß nämlich die Vermittlung einer Theorie nichts Nebensächliches, bloß Technisches ist, sondern Teil des Wahrheitsproblems der Theorie selbst. Diese Schrift ist nicht nur eine gute Einführung in Bloch, sondern eine gelungene Hinführung des philosophisch Interessierten zur marxistischen Philosophie insgesamt.«

(Oskar Negt)

Fordern Sie unseren Einführungsprospekt an:

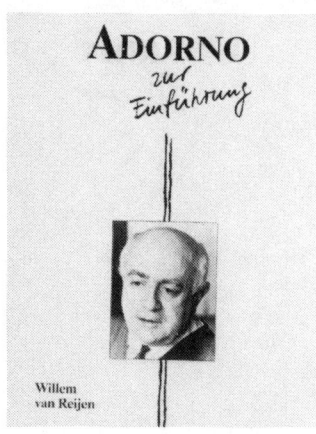

Willem van Reijen
**Adorno
zur Einführung**
Mit Beiträgen von Peter
Schiefelbein und
Hans-Martin Lohmann
4. überarb. u. erweiterte
Auflage März 1990
124 Seiten, DM 12,80
ISBN 3-88506-856-7

Diese Einführung kommt dem Bedürfnis vieler Adorno-Leser nach Verständnishilfen der oft sehr schwierigen Texte Adornos entgegen. Willem van Reijen stellt Grundbegriffe systematisch dar, indem er dem Leitmotiv der Neuordnung unserer Wahrnehmung und Erfahrung folgt, zunächst von Adornos frühen Schriften ausgehend. Der »Negativen Dialektik« und der »Ästhetischen Theorie« sind weiterführende Beiträge gewidmet. Der Band schließt mit einer kommentierten Bibliographie.

**Junius Verlag GmbH · Stresemannstraße 375
2000 Hamburg 50 · Telefon 040-89 25 99**

JUNIUS

Heinz Kimmerle
**Derrida
zur Einführung**
140 Seiten, DM 14,80
ISBN 3-88506-837-0

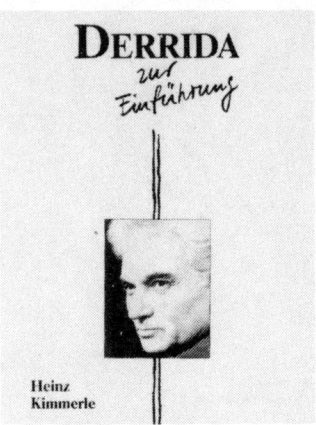

Heinz Kimmerle arbeitet in seiner Einführung die Logik und die Entwicklung der dekonstruktiven Denkweise Derridas heraus. Er zeigt, mit welcher Rigorosität dieser die herkömmlichen Begriffe von Sprache, Schrift und Erfahrung kritisiert und umdeutet; und er macht verständlich, auf welche Weise Derrida den Logozentrismus der traditionellen Metaphysik in neuen Denk- und Darstellungsformen zu überwinden trachtet.

Fordern Sie unseren Einführungsprospekt an:

Walter Reese-Schäfer
**Lyotard
zur Einführung**
2. erweiterte Auflage
180 Seiten, DM 17,80
ISBN 3-88506-851-6

Der Name Jean-François Lyotard steht im Mittelpunkt der Diskussion um die Postmoderne. Diese Einführung konzentriert sich auf seine Philosophie im vergangenen Jahrzehnt und entfaltet die Grundgedanken der scharfsinnigen rationalen Kritik, der Lyotard das Totalitätsdenken der Moderne unterwirft. Im weiteren geht Reese-Schäfer auf einige Mißverständnisse ein, die die Kontroverse um Lyotard bislang bestimmen.

Junius Verlag GmbH · Stresemannstraße 375
2000 Hamburg 50 · Telefon 040-89 25 99

S. FISCHER

Wer von der Staatsraison spricht, der muß auch von der Geschichte des staatlichen Gewaltmißbrauchs sprechen.

Entstanden und durchgesetzt im 16. und 17. Jahrhundert hat sich die Staatsraison als eine der folgenreichsten Leitideen der frühen Neuzeit erwiesen. Herfried Münklers Buch ist die Monographie dieser Idee und ihrer Parole: Im Namen des Staates.

432 Seiten, mit Abbildungen, Leinen, DM 58,–

Von gleichen Autor:
Machiavelli
Die Begründung des politischen Denkens der Neuzeit an der Krise der Republik Florenz.
Fischer Taschenbuch
Bd. 7342 / DM 19,80